Natureza jurídica da jurisdição voluntária

SÉRIE ESPECIALIZAÇÃO EM
PROCESSO CIVIL

Projeto editorial
Livraria do Advogado Ltda.
Curso de Especialização em Direito Processual Civil
(Pontifícia Universidade Católica do Rio Grande do Sul)

Comissão editorial
Prof. Ovídio A. Baptista da Silva
Prof. Sergio Gilberto Porto
Prof. Fábio Luiz Gomes

L935n   Lucena, João Paulo
          Natureza jurídica da jurisdição voluntária / João Paulo
        Lucena. — Porto Alegre: Livraria do Advogado, 1996.
          138 p.; 14 x 21 cm. — (Série Especialização em Processo
        Civil; 1)

          ISBN 85-7348-004-1

          1. Jurisdição voluntária. I. Título. II. Série.

                                           CDU 347.987.2

          Índice para catálogo sistemático
          Jurisdição voluntária   347.987.2

(Bibliotecária responsável: Marta Roberto, CRB 10/652)

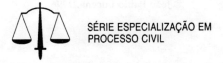

SÉRIE ESPECIALIZAÇÃO EM PROCESSO CIVIL

João Paulo Lucena

1
NATUREZA JURÍDICA DA
JURISDIÇÃO VOLUNTÁRIA

livraria
DO ADVOGADO
editora

1996

© João Paulo Lucena, 1996

Capa, projeto gráfico e diagramação
Livraria do Advogado / Valmor Bortoloti

Revisão
Rosane Marques Borba

Direitos desta edição reservados por
Livraria do Advogado Ltda.
Rua Riachuelo, 1338
90010-273 Porto Alegre RS
Fone/fax (051) 225 3311
E-mail: liv_adv@portoweb.com.br

Impresso no Brasil / Printed in Brazil

*À Marta, pelos
preciosos momentos
roubados.*

Apresentação

Mais por "dever de ofício" do que por outras razões, temos apresentado ao mundo jurídico de nosso Estado, e do país, obras escritas por nossos alunos do Curso de Especialização em Direito Processual Civil da Pontifícia Universidade Católica do Rio Grande do Sul. A estante formada por essas obras eleva-se ao significativo número de mais de uma dezena de livros jurídicos.

Com o presente trabalho de autoria de João Paulo Lucena, inauguramos um novo ciclo na história dessas publicações. A partir de agora, as obras produzidas por nossos alunos, como dissertação de conclusão de curso, e selecionadas pelo conselho editorial, serão publicadas pela Livraria do Advogado Editora, em coleção especialmente organizada com este objetivo.

Fixamo-nos no trabalho de João Paulo Lucena, dentre outros igualmente dignos dessa distinção, e que serão dados à publicação a seguir, por parecer-nos que, tanto o tema por ele abordado, quanto sua maneira de tratá-lo, merecia a dignidade de servir de obra inaugural à nova coleção.

Com efeito, a investigação levada a cabo pelo jovem jurista sobre um tema pouco tratado em nossa bibliografia, com a seriedade desejável, é digna dos maiores elogios, particularmente se tivermos em conta que a dissertação haveria de situar-se no plano de um trabalho, supostamente modesto, de conclusão de curso de especialização.

Não seria por certo exagero dizer que a obra que temos a honra de apresentar inscreve-se dentre os melhores trabalhos já publicados no Brasil sobre a *Natureza jurídica da jurisdição voluntária*, uma demonstração bem evidente do elogiável talento de seu autor.

Valendo-se de amplo e importante material bibliográfico, de origem tanto nacional quanto estrangeira, a obra inventaria o estado da questão, tomando corajosamente posição à respeito de temas polêmicos, com a segurança de jurista dotado de talento altamente promissor, que por certo se firmará no cenário jurídico como processualista respeitável.

Esperamos que o mundo jurídico dê à obra a acolhida que ela merece.

OVÍDIO A. BAPTISTA DA SILVA

Sumário

1. Introdução 11
2. A Jurisdição 13
  2.1. Origens e evolução histórica. A Teoria Geral do Estado 13
    2.1.1. Primórdios e Idade Antiga 13
    2.1.2. O Direito Romano 16
    2.1.3. A Idade Média 18
    2.1.4. Da Idade Média à Revolução Francesa 22
  2.2. A Teoria da Divisão e Separação dos Poderes do Estado 24
    2.2.1. Gênese do conceito 24
    2.2.2. O Modelo do "Juiz Francês" 26
    2.2.3. O Estado contemporâneo e a interpenetração dos poderes 28
  2.3. Conceito moderno de Jurisdição 30
    2.3.1. Noções preliminares 30
    2.3.2. Construção conceitual 31
    2.3.2.1. A Escola Clássica 32
    2.3.2.1.1. Apreciação crítica 32
    2.3.2.2. A Escola de Chiovenda 33
    2.3.2.2.1. Apreciação crítica 34
    2.3.2.3. A Escola de Allorio 36
    2.3.2.3.1. Apreciação crítica 37
    2.3.2.4. A Escola de Carnelutti 38
    2.3.2.4.1. Apreciação crítica 40
    2.3.3. Outros conceitos. A imparcialidade e a *terzietà* 41
    2.3.3.1. Apreciação crítica 43
  2.4. A Jurisdição e as demais atividades do Estado 44
    2.4.1. A Jurisdição e a atividade legislativa 45
    2.4.2. O Judiciário e a atividade administrativa 51
    2.4.2.1. O contencioso administrativo 54
  2.5. Características da Jurisdição moderna 57
    2.5.1. Traços básicos 58
    2.5.2. Classificação da Jurisdição 59
    2.5.3. Fins da Jurisdição 60
    2.5.4. As funções jurisdicionais 60
    2.5.5. Atos judiciários e atos jurisdicionais 61
    2.5.6. Funções anômalas 62
    2.5.7. Substitutivos da Jurisdição 63
3. A jurisdição voluntária 65
  3.1. Preliminares. Abordagem da problemática 65
  3.2. Primeiras notícias 67
  3.3. A jurisdição contenciosa e a jurisdição voluntária 69

3.4. Construção conceitual. 73
3.4.1. A Concepção Administrativista 74
3.4.1.1. A Doutrina de Wach/Chiovenda 75
3.4.1.1.1. Apreciação crítica. 77
3.4.1.2. A Doutrina de Allorio. 78
3.4.1.2.1. Apreciação crítica. 80
3.4.1.3. Outros seguidores. 81
3.4.1.3.1. Apreciação crítica. 84
3.4.1.4. A Doutrina Administrativista no Brasil. 85
3.4.1.4.1. Apreciação crítica. 91
3.4.2. A concepção jurisdicionalista 93
3.4.2.1. Os precursores 93
3.4.2.2. A Doutrina de Carnelutti. 95
3.4.2.2.1. Apreciação crítica. 97
3.4.2.3. A Doutrina de Micheli 100
3.4.2.3.1. Apreciação crítica. 103
3.4.2.4. Outros seguidores. 105
3.4.2.4.1. Apreciação crítica. 106
3.4.2.5. A doutrina jurisdicionalista no Brasil. 107
3.4.2.5.1. Apreciação crítica. 110
3.4.3. A Concepção Autonomista. 111
3.4.3.1. Apreciação crítica 112
3.5. Procedimentos de Jurisdição Voluntária 113
3.6. A substituição da jurisdição contenciosa pela voluntária 116
3.7. A Jurisdição Voluntária e o Ministério Público 118
3.8. A Jurisdição Voluntária e o Notariado 119
4. Conclusão 127
5. Bibliografia 131

1. Introdução

Motivados pelo fascinante estudo da Jurisdição como função estatal e a sua essencial relevância na sociedade moderna, confundindo-se ainda tal investigação, sob vários aspectos, com a própria História do Direito, optamos por abordar a secular discussão sobre a natureza jurídica da jurisdição voluntária, assim considerada como aquela atividade em que o Estado tutela os interesses privados que considerou de especial importância nas relações jurídicas, mas que desprovida de um efetivo litígio entre as partes que dela participam.

Desta forma, na primeira parte deste trabalho, procuramos investigar a gênese da Jurisdição nos primitivos agrupamentos humanos, bem como o seu desenvolvimento histórico através do Direito Romano, a influência que sobre ela exerceram as culturas bárbaras, o Direito Canônico da Idade Média e a profunda reconstrução que sofreu após os furacões ideológicos do século XVIII oriundos da guerra pela Independência Americana e da Revolução Francesa de 1789, culminando com a atual forma de divisão dos poderes estatais e as suas respectivas atribuições.

Visto isso, dedicamo-nos, na segunda metade da obra, à pesquisa das teorias que procuraram diferenciar o Poder Administrativo daquele Jurisdicional do Estado e, umbilicalmente ligada a esta questão, as diferenças entre as atividades de jurisdição contenciosa e jurisdição voluntária, não olvidando a apreciação crítica de cada uma delas.

Delimitado o tema, justifica-se a produção científica ante à constante discussão sobre a verdadeira natureza jurídica da jurisdição voluntária, não esquecendo de se referenciar a proposta de Willis Santiago Guerra Filho, de transformar o estudo da Jurisdição numa disciplina autônoma e específica face a sua especial importância dentro do estudo do Direito.

Ora, se desprovida de lide no conceito próprio Carneluttiano, questiona-se o porquê de delegá-la à competência Jurisdicional, e não à Administrativa no Estado moderno.

Se tutelando a atividade voluntária interesses privados, por que não transferi-la à esfera notarial?

Teria sido a jurisdição voluntária incluída como função do Poder Judiciário somente por motivos de política legislativa?

Esta e inúmeras outras questões procuramos abordar após um largo estudo da doutrina processual pátria e estrangeira, em especial a Processualística Italiana, colocando lado a lado os diferentes posicionamentos científicos, conscientes do interesse que ainda representa tal polêmica na organização estatal frente à crise que assola a tradicional Teoria Tripartite dos Poderes do Estado, assim como o discutido problema do acesso à Justiça pelo cidadão comum.

2. A jurisdição

2.1. ORIGENS E EVOLUÇÃO HISTÓRICA.
A TEORIA GERAL DO ESTADO

O estudo da jurisdição voluntária pressupõe preliminarmente, assim como o de todo o fenômeno jurídico, tanto a sua localização espaço-temporal, quanto uma breve análise social e antropológica do instituto observado.

Portanto, para a inserção da jurisdição voluntária no mundo jurídico, necessário se faz traçar os antecedentes da jurisdição propriamente dita, assim considerada como integrante dos três poderes-deveres do Estado moderno.

Vejamos.

2.1.1. Primórdios e Idade Antiga

Sabe-se que o Direito antecedeu ao surgimento do próprio Estado ao manifestar-se na sua forma mais arcaica como um modelo de comportamento nos pré-históricos agrupamentos humanos, onde o homem reagia basicamente por instinto, valendo-se das armas naturais que a natureza punha à sua disposição, como assim descreve Letourneau, citado por Baethgen[1]:

"L'instinct réflexe de défense est la racine biologique des idées de droit et de justice. Il est évidemment la base de la première de lois, celle du talion".

---

[1] "O instinto reflexo de defesa é a raiz biológica das idéias de direito e de justiça. É evidentemente a base da primeira das leis, aquela do talião" (Tradução do Autor) Baethgen, Walter Eduardo. *Teoria Geral do Processo: A Função Jurisdicional*. Porto Alegre: UFRGS, 1982. p.16.

Ou ainda, nas palavras de Kourkounov, *apud* Arruda Alvim[2]:

"L'origin du droit dépend de l'observacion consciente de certaines régles, reconnues obligatoires, mais la matière de ces normes juridiques primitives n'est pas creé consciemment..." (*Cours de Théorie Générale du Droit*, Paris: Giard, 1903. p.153-157)

À medida que as primeiras culturas passaram a apresentar maiores sinais de organização, ainda antes do aparecimento da escrita, espontaneamente surgiu a necessidade de uma normação mínima da conduta pessoal que permitisse a convivência dos integrantes do grupo social.

É a defesa privada, executada pelo próprio indivíduo ou por alguém em nome dele, a primeira manifestação do "direito de ação", antes do aparecimento do Estado primitivo como forma de organização social munida do poder de coerção.

Apenas no âmbito da família, à época a única forma de poder organizado, sob a autoridade do *pater familias*, não prevalecia a justiça privada.

Paulatinamente, as famílias passaram a reunir-se em grupos consanguíneos denominados *gens*, que por sua vez aglutinaram-se em *fratrias*, e diversas *fratrias*[3] formaram a tribo, caracterizada como grupo social singular, com território e dialeto próprios, que escolhia seus chefes, e um conselho de membros que foi assumindo de forma gradativa as funções mais importantes.

A palavra oral e as fórmulas pactuais não foram suficientes para garantir as relações políticas e econômicas que começavam a nascer, fazendo-se necessário o registro das normas de comportamento, até então dádivas divinas ditadas na palavra dos sacerdotes[4].

---

[2] Alvim, José Manoel de Arruda. *Código de Processo Civil Comentado*. São Paulo: LTr, 1975. V.1, p. 92

[3] "1. Na Grécia Antiga, cada um dos grupos em que se subdividiam as tribos atenienses e doutras cidades a Ática. 2. Numa tribo primitiva, grupo de clãs que apresenta características similares." *Dicionário Aurélio Eletrônico 1.0.*

[4] Altavila, Jayme de. *Origem dos Direitos dos Povos*. 4a. ed. São Paulo: Melhoramentos, 1964. 224 p. p.10-12.

Com o surgimento da escrita, gravaram-se as férreas normas da legislação mosaica[5] expressas no Pentateuco[6] e a Lei do Talião, consagrada no ordenamento babilônico, mas comum a todos os povos da época.

Conforme vão se sofisticando as relações sociais nos primórdios da civilização, pelo Código de Hamurábi, uma das primeiras composições da lei escrita, chegam-nos notícias de tribunais já minimamente organizados por volta dos anos de 1711 e 1669 a.c., onde identifica-se, não a manifestação jurisdicional como modernamente é conhecida, mas sim uma rústica forma de arbitramento[7].

Entretanto, como curioso fenômeno social, a defesa privada, considerada como garantia e execução pessoal do direito e oriunda fundamentalmente da ausência de um poder central organizado, marcou através da vingança e das lutas de sangue o início dos Direitos Romano e Germânico, aflorando nas primeiras leis escandinavas e transportando-se através dos povos e dos séculos, para cristalizar-se no Cristianismo e nas ordens jurídicas modernas, embora sob formas mais condizentes com as atuais necessidades de segurança social[8].

Historicamente e como manifestações de maior importância, ao Código de Hamurábi seguiram-se a legislação brâmane[9] do Código de Manu na velha Índia e a Lei das XII Tábuas na Roma de 450 a.C., substituindo-se, pouco a pouco, a justiça privada pela justiça maior do Estado antigo que se formava.

A partir da sucinta e autoritária Lei das XII Tábuas, ainda fortemente marcada pela brutalidade e primitivismo, transpirante de espírito romano, conforme organizavam-se os povos e fortalecia-se a soberania, a justiça privada foi se atenuando mais e mais na proporção em que o Estado teocrático se imis-

---

[5] "Relativo ou pertencente ao profeta e legislador bíblico Moisés, personagem do Velho Testamento, ou próprio dele." *Dicionário Aurélio Eletrônico 1.0.*

[6] "Pentateuco - 1. Os cinco primeiros livros do Velho Testamento, atribuídos a Moisés: o Gênese, o Êxodo, o Levítico, o Números e o Deuteronômio; Tora." *Dicionário Aurélio Eletrônico 1.0.*

[7] Baethgen, W.E. Obra citada, p. 9.

[8] Idem, p.12.

[9] "1. Sacerdote que oficiava os sacrifícios de Veda: o que supervisionava a correta execução dos ritos. 2. Membro da mais alta casta dos hindus, a dos homens livres, os nobres arianos." *Dicionário Aurélio Eletrônico 1.0.*

cuia progressivamente no âmbito das relações privadas, primeiro como árbitro e mais tarde impondo a sua solução.

Surge então o germe do "interesse social", excludente dos conflitos e da perturbação da ordem pública que representava a justiça privada, e oriundo de mais dois fatores que vieram somar-se aos anteriores: a proibição expressa pelo Estado e a renúncia do indivíduo de realização da justiça particular.

2.1.2. O Direito Romano

Ainda nesta época confundem-se na mesma pessoa a autoridade *política*, a *justiça* e o *sacerdócio*.

Em Roma, à medida que se expandem as fronteiras, a jurisdição passa a ser delegada pelo soberano, que reserva para si a faculdade de avocar a distribuição da justiça sempre que desejar[10].

Foustel de Coulanges[11] nos descreve este período de intensa agitação histórica em que, passo a passo, concretizou-se o fenômeno que podemos chamar de *secularização do Direito*[12], como instituto imprescindível à vida social:

"A revolução que derrubou o domínio da classe sacerdotal e elevou a classe inferior ao nível dos antigos chefes das gentes assinala o começo de novo período na história das cidades. Realizou-se uma espécie de renovação social. Não é apenas uma classe de homens que no poder substitui outra classe. São os velhos princípios que se põem de lado, e regras novas que passarão a governar as sociedades humanas.

...

"O governo também mudou de natureza. Sua função já não era mais o cumprimento regular das cerimônias religiosas, mas principalmente manter a ordem e a paz internas, a dignidade e o poder no exterior. O que ficara outrora em se-

---

[10] Prata, Edson. *Jurisdição Voluntária*. São Paulo: LEUD, 1979. 355p. p.63.

[11] Coulanges, Foustel de. *A Cidade Antiga*. São Paulo: Hemus, 1986. 310 p. p.253-254

[12] Arruda Alvim. Obra citada, p. 91. Considera-se secularização o fenômeno histórico dos últimos séculos, pelo qual as crenças e instituições religiosas se converteram em doutrinas filosóficas e instituições leigas (Nota do Autor).

gundo plano passou para o primeiro. A política passou à frente da religião, e o governo dos homens tornou-se negócio humano."

Os altos governadores romanos passaram também a enfeixar a execução das funções que, modernamente, têm sua acepção nos poderes Legislativo, Executivo e Judiciário[13]. Confunde-se ainda o Direito com a Religião e a Moral. Desde a segunda metade do século V a.C. vigoravam os primados estabelecidos pela Lei das XII Tábuas, conhecidos como *jus quiritium* e marcados por um extremo grau de formalismo verbal. O processo era regido por um sistema de procedimentos conhecidos como *legis actiones*[14].

Entre o primeiro e o terceiro séculos depois de Cristo, o Direito Romano atinge a sua era clássica, com a substituição das *legis actiones* pelo procedimento formulário (*per formulas*), após a edição da *lex Aebutia* e da *lex Julia privatorum* por Gaio, confirmando práticas que haviam se desenvolvido à margem do antigo sistema.

Até a ascensão de Diocleciano em 284 d.C., os primeiros magistrados romanos não chegavam a conhecer o mérito do litígio e tampouco o julgavam, mas concediam o direito de ação ao postulante e redigiam a fórmula, encaminhando o julgamento ao *judex*, que então dizia o direito. Pouco antes haviam sido publicadas as primeiras consolidações de leis privadas no *Codex Gregorianus* e no *Codex Hermogenianus*, de 291 e 295 d.C., respectivamente.

O processo romano, essencialmente oral, dividia-se em dois momentos: o primeiro, *in jure*, frente ao pretor, e o segundo, *in judicium*, diante do juiz. Nascem daí os conceitos básicos da jurisdição: a *notio* e o *judicium*, ou o conhecimento e o julgamento do feito[15]. O procedimento integral era denominado *ordo judiciorum privatorum*.

---

[13] No Direito Romano "la función judicial es siempre una función administrativa también." SCIALOJA. *Procedimiento Civil Romano*. *Apud* Arruda Alvim, obra citada p.130.

[14] Cappelletti *and* Perillo. *Civil Process in Italy*. 451p. p.2

[15] Prata, E. Obra citada, p.15.

Segundo Bonumá[16], *o conhecimento desta jurisdictio* simplificada desenvolveu-se com a expansão dos domínios de Roma e o alargamento do poder de *imperium*, ou poder de mando, que era a concessão ao funcionário do Estado da efetiva faculdade de julgar a controvérsia e impor a sua decisão.

Este *imperium* poderia ser *merum* ou *mixtum*, sendo o primeiro outorgado a magistrados ligados unicamente à justiça penal, e o segundo, abrangendo as jurisdições penal e civil, contenciosa ou não, era privilégio dos governadores das províncias diante da importante natureza do poder delegado, que tinha como limite último a decisão de vida e morte sobre os condenados.

Com o tempo, o magistrado passou a julgar pessoalmente a causa, unindo-se, no cível, a *jurisdictio* simples ao *imperium mixtum* para munir de força o julgado.

Não havia separação entre Executivo e Judiciário no Direito Público romano.

2.1.3. A Idade Média

Obedecendo às curiosas oscilações pendulares da história humana, com eventuais períodos de avanço e recuo do processo civilizatório, encontramos no período medieval, após a queda de Roma em 476 d.C. e tracionado pelas invasões bárbaras, um retrocesso das instituições jurídicas devido à influência de costumes típicos do Direito Germânico arraigados profundamente nos procedimentos de justiça da Península Ibérica[17].

A civilização clássica ainda sobreviveria de forma precária por mais um milênio no Império Romano do Oriente, particularmente em Beirute e Constantinopla, onde sob as ordens de Justiniano a lei romana é codificada no *Corpus Juris Civilis* no século VI[18].

---

[16] Bonumá, João. *Direito Processual Civil*. São Paulo: Saraiva, 1964. V.1, p. 300-305.

[17] Baethgen, W.E. Obra citada, p. 16-7.

[18] O *Corpus Juris Civilis* era pouco conhecido no Ocidente, onde os dominadores bárbaros editaram nesta época leis especiais para os seus súditos de origem romana, mesclando institutos jurídicos de ambas as culturas. Assim a *Lex Romana Visigothorum e a Lex Romana Burgundiorum* em 506 d.C., e o posterior Edito de Rothar, de 643 d.C. Cappelletti *and* Perillo. Obra citada, p. 8-9.

O Estado Medieval se agitava em tempos difíceis e instáveis, onde o advento do Cristianismo, das invasões bárbaras e do feudalismo transformaram o poder central do imperador num pulverizar de poderes menores, hierarquicamente indefinidos e submetidos a uma infindável gama de direitos comunais distintos e característicos de cada feudo[19]. Dentro de um mesmo território poderiam coexistir vários "tribunais senhoriais" com distintas competências para julgar, definidas pela categoria dos delitos cometidos e por acordos realizados entre os senhores feudais.

A Justiça estava vinculada à propriedade da terra e variava conforme as relações de força entre os senhores dos feudos nas disputas por mais propriedades, poder e jurisdição sobre os vassalos que as acompanhavam.

Desta forma os senhores feudais exerciam a Justiça em sua plenitude, incluindo os pequenos e grandes crimes, estabelecendo as penas e garantindo a execução das sentenças, sem o direito à apelação até o século XIII.

Ante a ausência de um forte poder centralizador no regime feudal, persistia no processo o uso das lutas de sangue entre as partes litigantes, numa verdadeira ressurreição da justiça privada. As disputas, entretanto, eram presenciadas por um árbitro.

O rude Direito Bárbaro imposto pelas legiões de invasores era exercido por assembléias populares, titulares da jurisdição e constituídas de homens livres, liderados por um senhor feudal, que dirigia os debates e as provas. As assembléias eram soberanas e acima delas nenhum poder existia.

São também comuns nesta época certos tipos de tribunais populares privados, com a escolha de um árbitro pelas partes, resumindo-se a um sistema judiciário pragmático e sem qualquer registro formal, onde as sessões eram realizadas diante do maior número possível de testemunhas de prestígio social, como forma de garantia de cumprimento das mediações celebradas.

Também vigorava o instituto germânico do penhor privado, pelo qual o credor se apossava dos bens do presumido

---

[19] Dallari, Dalmo de Abreu. *Elementos de Teoria Geral do Estado*. 16.ed. São Paulo: Saraiva, 1991. p. 59.

devedor, obrigando-o a comparecer perante o juiz e apresentar a sua defesa.

Difundido pelos ocupantes bárbaros, o processo germânico mesclou-se ao direito remanescente da Roma Imperial, dando origem a um novo processo de natureza mista, denominado Direito Romano-Barbárico.

O puro Direito Romano, protegido pela Igreja, resistiu em alguns bolsões isolados como Roma e Ravena, ressurgindo e adaptando-se ao Direito Germânico a partir do século XI com a criação das Universidades. Ali nasceram as escolas dos Glosadores, dos Pós-Glosadores e dos Canonistas, todos personagens de um novo ordenamento jurídico que foi batizado pelos historiadores de Direito Romano-Canônico.

No século X, a decisão das lides resolvia-se pela produção da prova tarifada, que constituía basicamente na apresentação de testemunhas juramentadas, e que eram mais valoradas conforme o seu maior posicionamento na hierarquia social, ou pelo seu sexo masculino.

Num estrato mais elevado da escala social, os julgamentos eram sempre realizados dentre pares, ou seja, nobres julgados por nobres e clérigos por clérigos[20].

Como vã tentativa de remediarem-se os falsos juramentos, surgiu o instituto dos "conspurgadores - *juratores, conjuratores*"[21] que, através de novo juramento, abonavam outras testemunhas já juramentadas.

Preponderava de forma absoluta o sombrio e arbitrário sistema dos Juízos de Deus, nos quais, após a produção da prova, submetia-se o réu ao julgamento de Deus, no qual o próprio Senhor deveria indicar a inocência ou culpa do réu, manifestando-se através de sinais, após o que era proferida a sentença pelos juízes em deliberação secreta.

O julgamento de Deus poderia ser através das ordálias, espécies de torturantes provas através da água quente ou gelada, ou do ferro em brasa, realizadas em público freqüentemente dentro de igrejas, ou dos combates judiciários, com caráter

---

[20] Garnot, Benoit. *La Justice en France de L'An Mil à 1914.* Paris: Éditions Nathan, 1993. p. 40.

[21] Santos, Moacyr Amaral. *Primeiras Linhas de Direito Processual Civil.* 12. ed. São Paulo: Saraiva, 1985. v. 2, p. 381-2.

sagrado, onde duelavam as partes ou os campeões por elas indicados.

As ordálias foram extintas pela Igreja no século XI, e os duelos continuaram generalizados até o século XIII, sempre assistidos por um juiz que declarava o resultado. A força dos reis era quase que apenas moral.

Em França, somente a partir do reinado de Luís VI, no início do século XII, é que o soberano passou a responder pela figura de justiceiro máximo, através da *Curia Regis*[22], uma assembléia periódica formada pelos grandes barões do reino, afirmando-se pouco a pouco sobre os "tribunais senhoriais", agora restritos a pequenos cantões ou feudos[23].

Paulatinamente recuperaram-se os meios romanos de prova. No procedimento jurisdicional restaurou-se a oralidade e foram reforçados os poderes de condução do processo pelo juiz que, entretanto, resumia-se a mero somador das provas legalmente pré-tarifadas. O magistrado declarava o resultado na sentença sem qualquer manifestação de sua convicção pessoal, ainda que incoerentes os resultados do processo[24].

Nos séculos XIV e XV desenvolveu-se o processo com caráter inquisitório, consagrando a iniciativa do juiz na busca das provas e reforçando progressivamente a tendência de tornar-se secreto, escrito e não-contraditório.

Esta evolução do processo é acompanhada pelo desenvolvimento do sistema de provas pela maior valorização daquela testemunhal, bem como pelo completo desaparecimento dos duelos judiciários.

A Igreja participa então da resolução dos conflitos promovendo reconciliações públicas e subordinando-se cada vez mais à autoridade real, a qual, nos casos de "abuso", assume a posição de tribunal de última instância[25].

---

[22] Conselho do rei com certa competência judiciária, no início da Idade Média.

[23] Garnot, B. Obra citada, p. 40 e 59.

[24] Santos, M. A. Obra citada, p. 381-2.

[25] "Si la justice ecclésiastique se trouve progressivement subordonnée à la justice royale, par le moyen de la notion *d'abus*, qu'il s'agissse d'abus de compéance (par exemple, faire arrêter un bourgeois) ou d'abus de jugement (par exemple, une peine disproportionnée au délit), le principe des tribunaux de conciliation, fonctionnant en marge des organes de justice officiels, reste très employé jusqu'à la fin du Moyen Age." Garnot, B. Obra citada, p. 44-5.

Assim, ao final da Idade Média e numa mirada geral pela Europa, veremos como conseqüência das relações naturais entre os povos e impulsionado pelo emergente movimento da Renascença, o redescobrimento do *Corpus Juris Civilis* e a difusão, a partir da Península Itálica, do Direito Romano-Canônico em todas as direções do continente[26].

2.1.4. Da Idade Média à Revolução Francesa

O alvorecer da Era dos Descobrimentos encontrará o Direito Romano-Canônico adotado por praticamente todo o bloco continental europeu, onde já predominavam os reinados absolutistas como forma de governo e organização estatal.

Até o século XVIII, os diferentes poderes do Estado continuavam confundidos, desconhecendo-se na administração da Justiça o caráter de serviço público, mas sim de um ofício privado, cuja delegação era herdada ou adquirida pelo juiz, e para cujo exercício o mesmo era remunerado pelo interessado em obter a solução para o seu litígio[27].

Algumas vezes os juízes eram funcionários executivos com delegação judiciária ou juízes investidos de funções administrativas e eclesiásticas.

As ordenações régias, confundindo ainda a trilogia Direito-Moral-Religião, estabeleciam, além das leis civis e penais, normas substantivas e adjetivas, e até preceitos de higiene, administração pública e poder de polícia[28].

A concentração de poderes na pessoa do rei conferia aos parlamentos a função de órgãos jurisdicionais centrais, como observa-se nitidamente nos tribunais da Câmara dos Lordes inglesa e no Parlamento de Paris.

No Novo Mundo, as colônias espanholas e lusitanas conservaram a mesma estrutura judiciária de suas metrópoles, reproduzindo os princípios do Direito Romano-Canônico, estreitamente ligado à língua latina e base de quase todas as posteriores codificações dos países americanos já independentes.

---

[26] Santos, M. A. Obra citada, p. 381-2.

[27] Baethgen, W. E. Obra citada, p. 17.

[28] Bonumá. João. Obra citada, v. 1, p. 300-305.

O sistema jurídico latino-americano, considerado um subgrupo do sistema romanista europeu no que tange ao Direito Privado, caracterizava-se também por uma forte influência da *common law*[29] no campo do Direito Público[30].

Em muitas nações de formação hispânica, por diferentes motivos históricos e atravessando a barreira do tempo, observa-se ainda hoje uma estrutura judicial semelhante ao juízo romano-canônico do século XIII, preservado através das *Leyes de Enjuiciamento*[31].

A Declaração da Independência Americana em 1776 e a Declaração dos Direitos do Homem pelos revolucionários franceses de 1789, impregnadas de idéias de sistematização da separação o dos poderes do Estado difundidas por Montesquieu a partir de 1748, abriram um novo capítulo na história das nações e das relações entre o Judiciário como poder político independente das demais funções do Estado moderno.

O contraste entre o processo na antiga Roma e o moderno processo civil nos Estados que herdaram o sistema da *Civil Law*[32] tornou-se cada vez maior a partir do século XIX até nos-

---

[29] "Uma segunda família de direito é a da *common law*, comportando o direito da Inglaterra e os direitos que se modelaram sobre o direito inglês. As características tradicionais da *common law* são muito diferentes das da família de direito romano-germânico. A *common law* foi formada pelos juízes, que tinham de resolver litígios particulares, e hoje ainda é portadora, de forma inequívoca, da marca desta origem." David, René. *Os Grandes Sistemas do Direito Contemporâneo*. Lisboa: Meridiano, 1978. p. 47.

[30] Villela, Anna Maria. Direito e Integração (Coord. José Francisco Paes Landim). Em: *Direito Romano e Sistema Jurídico Latino-Americano*. Brasília: UNB, 1981. p. 5-13.

[31] Couture, Eduardo J. *Fundamentos do Direito Processual Civil*. São Paulo: Saraiva, 1946. p. 180.

[32] Também conhecida como Família de Direito Romano-Germânico, agrupando os países nos quais a ciência do direito se formou sobre a base do direito romano. As regras de direito são concebidas nestes países como sendo regras de conduta, estreitamente ligadas a preocupações de justiça e de moral. Determinar quais devem ser estas regras é a tarefa essencial da ciência do direito; absorvida esta tarefa, a "doutrina" pouco se interessa pela aplicação do direito, que é assunto para os práticos do direito e da administração. Uma outra característica dos direitos da família romano-germânica reside no facto destes direitos terem sido elaborados, antes de tudo, por razões históricas, com vista a regular as relações entre os cidadãos; os outros ramos do direito só mais tardiamente foram desenvolvidos, partindo dos princípios do "direito civil", que continua a ser o centro por excelência do direito. David, René. Obra citada, p. 45.

sos dias, quando conscientemente os codificadores modernos ensaiam um retorno ao pragmatismo e satisfação das clássicas idéias romanas em detrimento da herança medieval[33].

Logo, ante esta pequena revisão histórica da evolução do processo da função jurisdicional até o divisor de águas que representa a Revolução Francesa, e antes de penetrarmos no estudo da jurisdição como propriamente hoje é conhecida, impõe-se salientar, como bem observa Crémieu, citado por Baethgen[34], o caráter lentamente progressivo de substituição da justiça privada pela função estatal, conduzindo-se a uma evolução vertical que registrou notáveis recuos no seu desenvolvimento para, de tempos em tempos, retornar ao império da justiça privada, até a sua substituição final e total, resultado tanto de um ato de autoridade emanado do poder público quanto de uma renúncia do sujeito portador da pretensão.

Desta forma podemos então sintetizar a evolução da atividade jurisdicional, desde o alvorecer da civilização humana até nossos dias:

a) a justiça privada pura e simples;
b) a justiça privada com procedimento legal;
c) a composição voluntária;
d) a composição obrigatória,
e) e a jurisdição como ato do poder público.

2.2. A TEORIA DA DIVISÃO E SEPARAÇÃO DOS PODERES DO ESTADO

2.2.1. Gênese do conceito

As primeiras notícias desta concepção nos chegam por Aristóteles[35], que admitia a existência de três órgãos estatais separados: um poder deliberante, uma autoridade e o juiz.

---

[33] Cappelletti e Perillo. Obra citada, p. 26.

[34] Baethgen, W. E. Obra citada, p. 25-30.

[35] Aristóteles. *A Política*.

Ultrapassando os séculos, esta idéia foi abordada por Maquiavel[36] e Locke[37], encontrando configuração final com Montesquieu, na sua conhecida obra *De L'Esprit des Lois*[38], na qual organizou o sistema em que se conjugam um poder Legislativo, um Executivo e um Judiciário, todos independentes e harmônicos entre si, como forma de garantia da liberdade individual, enfraquecendo o poder absoluto do Estado e complementando a função limitadora da Constituição.

Desta forma complementa Arruda Alvim[39]: "a tripartição dos poderes foi o instrumento histórico que serviu à burguesia para garantir-se contra os poderes, ou melhor, contra o Poder do Estado, o que vale dizer contra a sua soberania. Para muitos, o próprio Montesquieu estava ciente de que a tripartição não correspondia a qualquer exigência científica, e não passava de mero instrumento destinado a embasar definitivamente a posição da burguesia como classe social."

E continua: "Sem embargo desta controvérsia, o fato histórico indiscutível e, portanto, o dado básico do problema, é o de que a tripartição dos poderes consistiu, historicamente, no mais perfeito instrumento de construção do Estado de Direito (Legislativo, Executivo Judiciário). Valeu este princípio aos juristas como o mais eficaz e lógico instrumento para a elaboração do Estado de Direito, tendo-se em vista as condicionantes históricas da época."

A Teoria Tripartite, conjugada com a idéia de Estado democrático, foi adotada pelo Movimento Constitucionalista do século XVIII, cristalizada nas declarações das colônias inglesas na América do Norte a partir de 1776 e na Declaração dos Direitos do Homem e do Cidadão, aprovada na França em 1789, desenvolvendo-se, a partir daí, a conhecida doutrina denominada como sistema de freios ou contrapesos, ou *checks and balances*, na sua língua original.

---

[36] Maquiavel. *O Príncipe.*

[37] Locke, John. *Segundo Tratado Sobre o Governo.*

[38] Montesquieu, Barão de. *Do Espírito das Leis.* Rio de Janeiro: Tecnoprint, Is.d.I. 524p. Capítulo 6.

[39] Arruda Alvim, J. M. de. Obra citada, v.1, p. 98.

2.2.2. O Modelo do "Juiz Francês"

A experiência jurisdicional desenvolvida na França após a Revolução de 1789 acabou servindo como modelo para ordenamentos jurídicos no mundo todo, especialmente na América Latina, naqueles países que utilizaram as codificações napoleônicas de 1804 como paradigma na elaboração de suas próprias legislações.

Entre os séculos XV e XVII, disciplinada pela ordenações régias, a jurisdição era exercida por delegação do rei, que personificava a própria figura da Justiça.

Em 1522 a venalidade dos cargos, até então clandestina, foi oficializada por Francisco I, passando a serem também hereditários a partir de 1604, para aqueles súditos preenchedores de certos atributos mínimos de religião, moral, família e fortuna e mediante o pagamento de uma taxa anual à coroa de Henrique IV[40].

Desta forma verdadeiras dinastias de magistrados, em sua maior parte oriundas da burguesia comerciante em ascensão e com forte espírito corporativo, passaram a preencher as cortes de justiça, quando membros dos Parlamentos gozavam de grande prestígio social e de inúmeros privilégios, notadamente os fiscais, que lhes proporcionavam um faustoso estilo de vida e o acesso aos círculos intelectuais[41].

O processo inquisitório e o sistema das provas legais foram acrescidos de normas solidificadas pela jurisprudência, embora sem regulamentação real, o que somente ocorreu após a Revolução de 1789[42].

A partir de 1670 a filosofia absolutista passou a refletir-se também na organização da Justiça com as Ordenanças Criminais de Colbert, numa primeira tentativa de sistematização das normas processuais.

Mas a organização judiciária francesa somente mudará de forma radical após 1789, com o final do *Ancien Régime,* e no dizer de Benoit Garnot[43], *com o retorno parcial a princípios ainda*

---

[40] É a denominada *paulette,* taxa anual para o exercício da função, com direito à transmissão da mesma, vigente entre os séculos XVII e XVIII.

[41] Garnot, B. Obra citada, p. 78.

[42] Ibidem, p. 46.

[43] Garnot, B. Obra citada, p. 50.

mais tradicionais apesar da idéia inicial de tornar o exercício da Justiça claro e transparente aos olhos do público, e independente do poder real.

Conforme nos relata Chiovenda[44], a Teoria Tripartite da Separação dos Poderes, em suas primeiras aplicações na França, foi entendida em sentido rígido e mecânico, onde a cada órgão deveria corresponder uma única função e lhe era defeso ingerir na atividade do outro. Isso dependia, em parte, dos inconvenientes causados pelo Parlamento, o mais importante órgão jurisdicional francês em relação aos demais, identificados na Administração e no próprio poder real.

Daí o princípio de que os "juízes não poderiam, sob pena de felonia, turbar de qualquer maneira as operações dos corpos administrativos por causa de suas funções."[45]

Concomitantemente é formulado o sistema da jurisdição dúplice, com o contencioso administrativo, em face da desconfiança que possuía a administração revolucionária em relação à magistratura por entendê-la não identificada com os ideais burgueses[46]. Desta forma foi retirado do Judiciário o controle da legalidade dos atos administrativos e criou-se o Conselho de Estado para resolver as questões entre a Administração e seus administrados, distorcendo-se a concepção tripartite dos poderes[47].

A venda dos cargos foi suprimida, e o juiz passou a ser primeiramente eleito e, mais tarde, nomeado por mérito, tendo seu número sido sensivelmente diminuído. Nesta época a fonte de sua autoridade repousa sobre a soberania popular proclamada pelos revolucionários.

---

[44] Chiovenda, Giusepe. *Instituições de Direito Processual Civil*. São Paulo: Saraiva, 1949. v. 2, p. 17.

[45] Decreto de 16-24 de agosto de 1790, Título II, art. 13; Constituição de 1795, art. 203. Garsonnet, E. *Précis de Procédure Civile*. 5.ed. Paris: Librairie de la Société du Recueil Général des Lois & des Arrêts, 1904, p. 11.

[46] No mesmo sentido, veja-se manifestação do próprio Montesquieu: "... o poder de julgar, tão terrível entre os homens, não estando ligado nem a uma certa situação nem a uma certa profissão, torna-se por assim dizer, invisível e nulo. Não se tem constantemente juízes diante dos olhos e teme-se a magistratura mas não os magistrados" Do Espírito das Leis, *apud* Prata, obra citada, p. 35.

[47] Araújo, Justino Magno. Aspectos da Jurisdição na Civil e na *Common Law*. *Revista AJURIS*, Porto Alegre, v. 14, n. 40, p. 184-201, jul./1987.

Entretanto, como bem define conhecida citação, o juiz não era nada mais que *la bouche de la loi*[48], ou um burocrata limitado à decisão dos conflitos entre particulares[49].

Estas restrições perduraram até nosso século, onde as encontramos em extratos escolhidos das lições de processo civil do professor Garsonnet, em Paris, no ano de 1904: "... ao Judiciário, dependente do Poder Executivo, é defeso elaborar seus regulamentos, opor-se à execução das leis, apreciar sua constitucionalidade ou opor-se à aplicação das mesmas... Os tribunais não devem interpretar, obstruir a execução ou pronunciar a nulidade de um ato administrativo... Estas soluções não contradizem o princípio da separação dos poderes... A justiça civil não anula nem fere o ato administrativo, ela se contenta em não aplicá-lo e em recusar sua concorrência com a autoridade administrativa... Ela exerce seu império sobre os fatos em que a administração não intervêm como potência pública..."[50]

2.2.3. O Estado contemporâneo e a interpenetração dos poderes

A visão clássica da tripartição dos poderes evoluiu para adaptar-se ao Estado social moderno, uno em sua origem e essência, a realizar seus fins através de três órgãos distintos, denominados Poder Executivo, Poder Legislativo e Poder Judiciário, e que exercem, conforme sua competência principal, respectivamente, as atividades executiva, legislativa e jurisdicional.

---

[48] No mesmo sentido Louis Althusser, *apud* Silva, Ovídio A. Baptista da. *Curso de Processo Civil*. Porto Alegre: Fabris, 1987, V.1, p.18: "os juízes não são senão ... a boca que pronuncia as palavras da lei ...".

[49] A respeito, veja-se o que dispunha, em 1904, o art. 127 do Código Penal Francês: "Seront coupables et punis de la dégradation civique: Les juges qui se seront immiscés dans l'exercice du pouvoir législatif soit par règlements contenant des dispositions législatifs, soit en délibérant sur le point de savoir si les lois seront publiées ou executées ..." Garsonnet, obra citada, p. 11.

[50] Obra citada.

Com a modernização das instituições, o Judiciário, subordinado à lei, passou a reger não só as relações entre os particulares, mas também aquelas havidas entre estes e a Administração (controle jurisdicional dos atos administrativos) e o Legislativo (controle da constitucionalidade das leis). Esta divisão, amoldada ao dinamismo da realidade político-social, não é rígida, existindo casos de atuação de um poder na área de outro, o que não é admitido pela corrente jurídico-doutrinária que insiste na idéia de separação radical dos poderes do Estado.

As situações de "interferência funcional", ou "funções estatais anômalas" como preferem alguns autores, sempre existiram entre os órgãos do Estado e, como ensina Couture, citado por Prata[51], "o Poder Judiciário é historicamente anterior ao Legislativo" e "Os Parlamentos até o século XVIII, como hoje a Câmara dos Lordes, eram tribunais reais que tinham a seu cargo o Poder Judiciário".

Ainda Garsonnet, em suas preleções universitárias no primeiro decênio do século XX, vinculava a atividade judiciária à Administração, que juntamente com o Legislativo, constituiriam os dois verdadeiros poderes do Estado[52,53].

Desta forma podemos citar como exemplos atuais de "funções estatais anômalas" a nomeação pelo Presidente da República dos juízes das instâncias supremas, as atribuições judiciais do Legislativo no julgamento dos casos de *impeachment,* ou as atividades legislativas do Judiciário na elaboração dos

---

[51] Prata, obra citada, p. 31.

[52] "Il existe dans toute société civilisée deux pouvoirs, le pouvoir législatif et le pouvoir exécutif: le premier fait des lois, le second les aplique, et, suivant qu'il s'agit de les faire servir à la haute direction des affaires politiques, au règlement des dètails de la vie publique ou au jugement des contestations, il s'apelle le gouvernemennt, l'administration ou la justice. (...) Du pouvoir exécutif depend le pouvoir ou l'autorité judiciaire, que beaucoup d'auteurs considèrent comme un troisième pouvoir distinct des deux prècedentes, et qui a pour mission rendre la justice ...". Garsonnet, obra citada, p. 9.

[53] Vide Ovídio, obra citada, p. 18: "A teoria da separação dos poderes, atribuída a Montesquieu, na verdade é mais um mito que uma realidade. O célebre filósofo francês, não o defendeu, e nem considerou o Judiciário como um poder, de vez que, ao referir-se ao poder judicial (*puissance de juger*) num estado democrático. Montesquieu (Esprit des Lois, XI, 6) afirma tal poder *invisível e nulo* ...".

seus regimentos internos e no preenchimento das lacunas da lei.

Como conseqüência deste fenômeno, vemos o Poder Judiciário dividido em duas funções: uma, *lato sensu*, é a função jurisdicional, realizando a prestação da Justiça, e a outra, a função judiciária *stricto sensu*, cuida das atividades não compreendidas na jurisdição, mas a ela afetas por motivos orgânicos e subjetivos.[54]

Daí a diferença entre o ato jurisdicional e o ato judiciário.

A norma geral é que sejam justificadas estas intersecções sem que haja abuso ou violação da harmonia e independência entre os Poderes, expressão de garantia da liberdade individual do modelo tripartite, e todos manifestações distintas do exercício da soberania do Estado único.

2.3. CONCEITO MODERNO DE JURISDIÇÃO

2.3.1. Noções preliminares

Das garantias primordiais do Direito Natural, passando pela idéias do direito subjetivo de ação e o *due process of law*, até chegarmos à concepção de administração de Justiça como dever do Estado contemporâneo, fatalmente lograremos encontrar a atividade jurisdicional como destino desta jornada.

Segundo Ramiro Podetti, a jurisdição, aliada à ação e ao processo, formam a trilogia estrutural indispensável ao estudo da teoria e da prática deste último[55].

Entretanto, longa foi a evolução desde as primeiras regras de convivência comportamental até uma moderna distribuição de Justiça assim considerada como efetivamente "justa".

Para tanto, fez-se necessário o fortalecimento da figura do juiz com o sustentáculo do próprio Estado, aliado à consagração das garantias fundamentais da magistratura que, no di-

---

[54] Marques, José Frederico. *Ensaio Sobre a Jurisdição Voluntária*. 2.ed. São Paulo: Saraiva, 1959. p.35-6.

[55] Prata, obra citada, p. 62.

zer de Arruda Alvim[56], são em verdade as garantias dos próprios jurisdicionados.

O ato característico da atividade jurisdicional é o julgamento da lide, fundado no Direito Positivo a ser aplicado ao caso concreto e que visa à pacificação do conflito de interesses a requerer a manifestação do Estado.

Muitas são as teorias que procuraram definir a verdadeira natureza do processo jurisdicional, bem como os seus limites e distinções dos demais poderes do Estado, principalmente no que se refere às diferenças entre Jurisdição e Administração, e entre jurisdição contenciosa e jurisdição voluntária. Destas, optamos por destacar apenas as Escolas fundamentais na seleção de Antonio Segni[57], das quais originaram-se inúmeras tentativas de sistematização, mas predominando invariavelmente os nomes de Chiovenda, Allorio e Carnelutti.

2.3.2. Construção conceitual

Dependendo de sua diversificada conceituação, a Jurisdição poderá ter as incompletas noções de *aplicação do Direito Objetivo*[58], ou *aplicação de sanções provenientes da violação da ordem jurídica*[59].

Calamandrei a conceituava como uma função de garantia da ordem jurídica, numa variação do conceito anterior formulado por Redenti.

Embora não seja o conceito de Jurisdição o objeto imediato da presente obra, certa é a necessidade de um preliminar reconhecimento das construções mais importantes tributárias da Teoria da Jurisdição, como a seguir passaremos a abordar, bem como as principais críticas a elas formuladas.

Vejamos então.

---

[56] Obra citada, p. 93.

[57] Segni. *Novissimo Digesto Italiano*. 3.ed. Torino: UTET, 1957. v.8, p.388-9.

[58] Zanzucchi, Marco Tullio. *Diritto Processuale Civile*. 6.ed. Milano: A.Giuffrè, 1964.

[59] Redenti, Enrico. *Derecho Procesal Civil*. Buenos Aires: EJEA, 1957.

2.3.2.1. A Escola Clássica

Para os seguidores desta corrente, destacando-se Wach[60], Rosenberg[61] e Schönke[62], a Jurisdição consiste no poder de resolução dos conflitos de direito subjetivo.

Importante salientar que para estes processualistas, todos de nacionalidade alemã, a Jurisdição integra a administração estatal geral, idéia predominante na doutrina tedesca, que não se preocupou particularmente com este tema, como nos confirmam De Boor, Kelsen e Stein-Jonas[63].

Como alguns representantes na doutrina pátria, temos Pontes de Miranda[64] e Humberto Theodoro Júnior[65].

2.3.2.1.1. Apreciação crítica. A falha estrutural desta Escola é a não-previsão para os processos onde não se concretize lide ou não se discutam conflitos de direitos subjetivos, cuja existência pode ser igualmente questionada.

---

[60] Wach, Adolf. *Manual de Derecho Procesal Civil*. Buenos Aires: EJEA, 1977. v.2, p. 8. Nesta obra, que teve sua primeira edição alemã no ano de 1885, o célebre processualista registra que "por seu conteúdo, o poder judicial se divide em poder judicial puro, poder de polícia processual (poder disciplinário, servidor do primeiro), e poder fedatário (de certificar)" e que a "jurisdição civil é o poder estatal aplicado a conservar o ordenamento jurídico civil." (Trad. do Autor)

[61] Rosenberg, Leo. *Tratado de Derecho Procesal Civil*. Buenos Aires: EJEA, 1955. t.1, p. 45: "Também chamada de função de justiça ou poder judicial, a jurisdição é a atividade do Estado dirigida à realização do ordenamento jurídico." (Trad. do Autor)

[62] Schönke, Adolf. *Derecho Procesal Civil*. Barcelona: Bosch, 1950. p. 49. Em sua quinta edição alemã já em 1946, assim definiu esta atividade: "Jurisdição é o direito e o dever ao exercício da função de justiça, e jurisdição civil significa em conseqüência, o direito e o dever de julgar em assuntos civis."

[63] Couture *apud* Prata, obra citada, p. 54-5.

[64] "Jurisdição é a atividade do Estado para aplicar as leis, como função específica. O Poder Legislativo, o Poder Executivo e os próprios particulares aplicam a lei, porém falta a todos a especificidade da função." Miranda, Francisco Cavalcanti Pontes de. *Comentários ao Código de Processo Civil*. Rio de Janeiro: Forense, 1974. p. 66.

[65] Theodoro Júnior, Humberto. *Curso de Direito Processual Civil*. 6a. ed. Rio de Janeiro: Forense, 1990. V.1, p. 37: "Jurisdição é a função do Estado de declarar e realizar, de forma prática, a vontade da lei diante de uma situação jurídica controvertida."

Tampouco é monopólio da atividade jurisdicional a realização do direito objetivo, vez que igualmente observada pelos demais poderes do Estado e pelos particulares[66], como bem explana a Corrente Objetivista do conceito de Jurisdição.

2.3.2.2. A Escola de Chiovenda

Definiu este doutrinador a Jurisdição como "a função do Estado que tem por escopo a atuação da vontade concreta da lei por meio da *substituição,* pela atividade de órgãos públicos, da atividade de particulares ou de outros órgãos públicos, já no afirmar a existência da vontade da lei, já no torná-la, praticamente, efetiva."[67] (grifamos)

Para Chiovenda a Jurisdição é uma forma de soberania do Estado, o qual define como *organização de todos os cidadãos para fins de interesse geral,* onde o Legislativo dita as normas e o Judiciário atua as mesmas, diferindo este último poder da Administração por sua essência de substituição da atividade pública por uma alheia. Nas palavras do doutrinador *a jurisdição se oferece aos cidadãos como a melhor garantia da observância da lei, subtraída às móbeis correntes da administração e da política.*[68]

Entretanto, o conceito de substituição não significa a identidade do julgador com as partes do processo.

Durante a fase de cognição, seria substituída a atividade intelectiva das partes pela do juiz, quando este declara a vontade da lei relativa às mesmas.

Já na fase de execução, somente seria jurisdicional quando versasse sobre uma vontade de lei exeqüível pela parte em causa, que então seria substituída pela atividade material do Estado, constrangendo o obrigado a agir ou visando ao resultado da atividade. Quando a atividade fosse exeqüível somente pelo Estado, como, v.g., a sentença penal, a execução não seria jurisdicional, mas administrativa.

Ainda para o mestre italiano, tanto o administrador quanto o juiz exercitam o ato de julgar. O primeiro, formulando

---

[66] Zanzucchi (Diritto Processuale Civile) *apud* Silva, Ovídio Baptista da. *Curso de Direito Processual Civil.* Porto Alegre: Fabris, 1987, v.1, p. 12.

[67] Chiovenda, Giusepe. *Instituições de Direito Processual Civil.* São Paulo: Saraiva, 1949. v.2, p. 12.

[68] Obra citada, p. 17.

um juízo sobre sua própria atividade, e o segundo, sobre uma atividade alheia[69].

São também partidários desta Escola, dentre outros, Calamandrei, Segni[70], Ugo Rocco, Carvalho Santos[71], J.J. Calmon de Passos[72], Amaral Santos[73], Celso Barbi[74], Eulálio Vidigal[75] e Edson Prata[76].

2.3.2.2.1. Apreciação crítica.
Várias são as contestações à teoria lastreada por Chiovenda.

Galeno Lacerda[77] ataca esta formulação que não explica a natureza jurisdicional de processos que tenham por objetivo conflitos sobre valores indisponíveis[78], bem como a das decisões tomadas dentro do processo e relativas à própria atividade do juiz como, por exemplo, as relativas à competência e suspeição.

Seabra Fagundes[79] afirma que o critério da substituição não soluciona o problema conceitual da Jurisdição, uma vez

---

[69] Silva, Ovídio Baptista da. *Curso de Processo Civil*. Porto Alegre: Fabris, 1987, V.1, p. 20.

[70] Jurisdição "É a função estatal destinada à atuação concreta da lei, com caráter substitutivo ou sub-rogatório." *Apud* Moraes, Maria Amélia Dias de. *O Conceito de Jurisdição*. Tese de Mestrado. Porto Alegre: UFRGS, 1989, p. 9.

[71] Santos, J. M. Carvalho. *Repertório de Direito Brasileiro*. Rio de Janeiro: Borsoi, 1947. v.1, p. 267-272.

[72] Acrescenta ainda este autor que a atividade jurisdicional, além de reintegradora, é também integradora da atividade jurídica. Passos, J. J. Calmon de. *Da Jurisdição*. Salvador: Progresso, 1957, p. 9-31.

[73] Obra citada, p. 67.

[74] *Comentários ao Código de Processo Civil*, v. 1, p. 9-15.

[75] *Apud* Carvalho Santos, obra citada, p. 267-272.

[76] Prata, E. Obra citada, p. 59: "Jurisdição é a atividade com que o Estado, através dos órgãos jurisdicionais, intervindo a pedido dos particulares, sujeitos de interesse legitimamente protegido, substitui aos mesmos na atuação de normas que tais interesses ampara, em vez dos ditos sujeitos, qual a tutela concedida por uma norma a um interesse determinado, impondo ao obrigado, em lugar do titular do direito, a observância da norma e realizando, mediante o uso de força coletiva, em vez do titular do direito, diretamente aqueles interesses cuja proteção está legalmente declarada."

[77] Larcerda, Galeno. *Comentários ao Código de Processo Civil*. 5.ed. Rio de Janeiro: Forense, 1993. v. 8, tomo 1, p. 23.

[78] Talvez a melhor definição de "direito indisponível" seja a opção legislativa gravada pela lei substantiva portuguesa, que o define como aquele cuja intervenção do Estado, através da sua atividade jurisdicional, é indispensável para que a parte interessada obtenha aquilo que postula.

que a própria atividade administrativa igualmente atua substituindo a atividade privada, como no caso da execução forçada das obrigações públicas em via administrativa, quando coage o particular à prestação da qual seja devedor.

Para Fagundes, seriam elementos específicos da Jurisdição a situação contenciosa, como momento de seu exercício; a interpretação definitiva do direito controvertido, como modo de alcançar a sua finalidade; e o trancamento da situação contenciosa, conseqüência necessária da interpretação fixada, como finalidade do seu exercício.

Trilhando Galeno Lacerda, entendemos em especial procedente a crítica formulada por Tesheiner[80], pela qual é necessário à caracterização da Jurisdição o claro apontamento da pessoa a ser substituída. Afirmar que o órgão judicial substitui *todos os cidadãos* só significa que exerce uma atividade estatal. Declara o estudioso que no processo de conhecimento não se poderia afirmar que há substituição da parte-autora quando prolatada sentença de improcedência, ou da parte-ré na decisão procedente.

A conclusão destas premissas é que, a vingar a tese da substituição, esta somente seria efetiva para a parte vencedora, identificando-se como um *mero sucedâneo da defesa privada*, ante o que poderia ser afirmado que a *sentença substitui o acordo das partes: acordo que não houve ou que o Estado declara juridicamente irrelevante (sentença constitutiva necessária; sentença penal).*

E finaliza Tesheiner:

"Na verdade, a jurisdição é atividade primária do Estado, especialmente em matéria penal. Por isso, a idéia chiovendiana, de caracterizar a jurisdição como atividade substituta, somente é admissível como afirmação de que ela importa em heterorregulamentação. O *Estado*, na execução, se interpõe entre as partes e substitui o credor (não o devedor, como afirmou Chiovenda), no exercício de seu poder sobre a parte adversa.

---

[79] Seabra Fagundes. *O Controle Jurisdicional dos Atos Administrativos. Apud* Araújo, Justino Magno. Aspectos da Jurisdição nos Sistemas da *Common Law*, da *Civil Law* e no Direito Brasileiro. *Revista AJURIS.* Porto Alegre, jul./1987. v. 14, n. 40, p. 191.

[80] Tesheiner, José Maria Rosa. *Jurisdição Voluntária.* Rio de Janeiro: Aide, 1992. p. 14-5.

Por essa via, a idéia de substituição acaba com confluir com a de imparcialidade, como nota característica da jurisdição."[81]

2.3.2.3. A Escola de Allorio

Respondendo à crítica de suas idéias tecida por Carnelutti em 1946, dois anos após, Enrico Allorio[82] publicou sua famosa réplica apresentando acurado estudo sobre o instituto da Jurisdição propriamente dita e da sua modalidade voluntária, concluindo ser a coisa julgada o diferencial existente entre a atividade jurisdicional e administrativa.

Baseando-se na filosofia normativista de Kelsen, Allorio trilhou os passos dados por Calamandrei em 1917[83], para quem a Jurisdição era essencialmente uma atividade de substituição e declarativa (com efeito gerador de coisa julgada), conceito este que não considerava como jurisdicionais plenas nem mesmo as sentenças constitutivas, que seriam formadas de um componente jurisdicional - a declaração - e outro administrativo - pertencente à jurisdição voluntária.

Kelsen afirmava que as funções do Estado não poderiam ser diferenciadas unicamente por seus fins, mas apenas por suas formas e efeitos[84].

Este pensamento contrariava a Corrente Objetivista, que tinha a realização do direito objetivo como a finalidade perseguida pela Jurisdição, eis que entendiam os normativistas que o ordenamento jurídico já era atuado de forma direta pelos particulares e demais poderes do Estado, somente pelo fato de agirem em concordância com a lei.

Allorio acrescentou então ao pensamento de Carnelutti a idéia de vinculação da jurisdicionalidade somente para as sentenças que produzissem também a certeza jurídica, produto da

---

[81] Obra citada, p.14-5.

[82] Allorio, Enrico. Ver capítulos entitulados *"Ensayo Polemico Sobre la Jurisdicción Voluntaria"* (p. 3-128) e *"Jurisdicción y Cosa Juzgada"*, constantes da obra *Problemas de Derecho Procesal*. Buenos Aires: EJEA, 1963. v. 2.

[83] Calamandrei, Piero. *Limiti Fra Giurisdizione Nella Sentenza Civile*. Opere Giuridiche. Napoli: Morano, 1945. v. 1, p. 65-93.

[84] Kelsen, Hans. *Teoria Pura do Direito*. 6a. ed. Coimbra: Armênio Amado, 1984.

forma declaratória da sentença e identificada pelo decorrente efeito da coisa julgada material.

Desta forma não seriam jurisdicionais os atos de instrução do processo, a jurisdição voluntária e o processo cautelar.

Estas concepções foram também partilhadas por Liebman[85] e Couture[86], para quem a função imediata da Jurisdição é decidir conflitos e controvérsias de relevância jurídica, e seu objeto é a produção da coisa julgada.

No Brasil são partidários desta doutrina Frederico Marques[87], Arruda Alvim[88], Lopes da Costa[89], Grinover-Dinamarco-Cintra[90] e Kasuo Watanabe[91], dentre outros.

2.3.2.3.1. Apreciação crítica. Já para Gian Antonio Micheli[92], Allorio não só reduziu todo o significado da distinção entre atividade jurisdicional e os demais poderes do Estado à diferença dos efeitos jurídicos que derivam dos vários atos estatais, mas também a lei e a sentença à simples manifestações do *imperium* estatal.

Em profundo e ácido artigo denominado "Perspectivas Críticas em Tema de Jurisdição Voluntária"[93], Micheli acusou Allorio de superficialidade no seu método de pesquisa, baseado na limitada doutrina de Kelsen e resumindo a característica principal da jurisdição ao critério formal da coisa julgada.

---

[85] Liebman, Enrico Tullio. *Manuale de Diritto Processuale Civile*. 2a. ed. Milano: A.Giuffrè, 1957. v.1, p. 10.: "A jurisdição pode ser definida como a atividade dos órgãos públicos do Estado dirigida a formular e atuar praticamente a regra jurídica concreta que, de acordo com o direito vigente, disciplina uma determinada situação do autor." (Trad. do Autor).

[86] Couture, Eduardo. Fundamentos de Direito Processual Civil. São Paulo: Saraiva, 1946, 420p.

[87] Marques, José Frederico. *Ensaio Sobre a Jurisdição Voluntária*. 2.ed. São Paulo: Saraiva, 1959. 321 p.

[88] Arruda Alvim. *Curso de Direito Processual Civil*, 1971, v.1, p. 150.

[89] Costa, Alfredo de Araújo Lopes da. *A Administração Pública e a Ordem Jurídica Privada*. Belo Horizonte: Bernado Alvares, 1961, 403 p.

[90] Grinover; Dinamarco; Cintra. *Teoria Geral do Processo*. 5.ed. ampliada e atualizada. São Paulo: RT, 1984. 330 p.

[91] Watanabe. *Controle Jurisdicional e Mandado de Segurança Contra Atos Judiciais*, 1980, p. 22.

[92] Micheli, Gian Antonio. *Jurisdicción Voluntaria: Significado y Límites. Derecho Procesal Civil*. Buenos Aires: EJEA, 1970. v.4, p. 119-20.

[93] Micheli, G.A. *Perpectivas Críticas en Tema de Jurisdicción Voluntaria. Estudios de Derecho Procesal Civil*. Buenos Aires: EJEA, 1970. v.4, p. 87-114.

No mesmo trabalho também fez crítica a Liebman que, embora partindo de premissas muito distintas das assumidas por Allorio, findou por atingir o mesmo resultado formal, baseando-se, ambos, unicamente nos pressupostos do Direito Italiano.

Transportando-nos para dias atuais, encontramos o processualista Tesheiner[94] afirmando que em nada se acresce à doutrina o isolamento de uma categoria de atos jurisdicionais quando considerados somente aqueles produtores da coisa julgada. Embora perfeitamente possível, esta redução conceitual exclui da Jurisdição os atos de instrução do processo de conhecimento e os próprios processos de execução e cautelar (que também é declarativo), para não se falar nos atos de jurisdição voluntária, dependendo esta última da interpretação da escola conceitual a qual filie-se o leitor.

Ainda segundo Tesheiner, o conceito de jurisdição fica vinculado a um efeito que pode existir em determinados ordenamentos jurídicos mas não em outros, como por exemplo, no Direito Penal pátrio, a não-produção de coisa julgada material pela sentença condenatória, considerando que esta sempre poderá ser revisada por ação própria, anulada por *habeas corpus* ou extintos seus efeitos por anistia do Legislativo ou indulto do Executivo.

Em crítica à Couture, Ovídio[95] afirma que se é a resolução das controvérsias a função imediata da jurisdição, sob a forma de sentença produtora de coisa julgada, então a sentença do juiz que decretasse a extinção do processo por falta ou insuficiência de um pressuposto processual não seria jurisdicional, além do que, e cita Segni, seria impróprio definir-se a jurisdição pelo seu efeito.

2.3.2.4. A Escola de Carnelutti

Em sua obra *Sistema de Direito Processual Civil*[96], pressupondo a existência de um conflito de interesses, Carnelutti concluiu que a jurisdição tem por fim a justa composição da lide, qualificada por uma pretensão resistida, por meio de sentença declarativa.

---

[94] Obra citada, p. 18-9.

[95] *Curso de Processo Civil*, v.1, p. 23.

[96] Carnelutti, Francisco. *Sistema de Derecho Procesal Civil*. Buenos Aires: UTEHA, 1944. v.1, p. 155-160.

Carnelutti dividiu a jurisdição em processo declarativo e dispositivo, possuindo o conceito de lide essencial importância na construção deste raciocínio. Para este jurista, a idéia de lide parte da noção de interesse, que é a posição favorável para a satisfação de uma necessidade, a relação entre o homem (sujeito) e os bens (objetos).

Desta forma teremos um conflito de interesses quando os bens forem insuficientes para a satisfação de todos os desejos humanos, nascendo daí a pretensão como a exigência de subordinação de um interesse a outro e, finalmente, a lide, como *o conflito de interesses qualificado por uma pretensão resistida.*

Será processo declarativo o de aplicação obrigatória ou vinculativa da norma jurídica, transformando o mandato abstrato (norma material) em mandato concreto, no ato de individualização da regra.

Será processo dispositivo quando não existir uma norma instrumental para compor o conflito de interesses, formando-se *ex novo* um mandato concreto para solucioná-lo, vez que não está diretamente regulado pelo Direito.

Neste caso o juiz não declara, mas cria o Direito[97].

Sem lide não há jurisdição, cuja finalidade é pacificar, pela lei, os conflitos públicos e privados.

Para o jurista italiano, o magistrado é a *vox legis* enquanto *ius dicit* para o caso singular o que for previsto pelo Direito Objetivo.

Inicialmente, Carnelutti não considerava o processo de execução como jurisdicional, posição revisada mais tarde. Os processos onde não houvesse lide, como na jurisdição voluntária, estariam afetos à atividade administrativa.

No Brasil, Frederico Marques defende também este pensamento em suas *Instituições de Processo Civil*[98], assim como Galeno Lacerda[99] que concorda ser a lide a *pedra de toque* caracterizadora da jurisdição, vez que esta somente existe para solucionar o conflito, sendo todas as questões daí decorrentes projeções dela mesma.

---

[97] Carnelutti, obra citada, p. 158.

[98] *Instituições de Processo Civil.* 2.ed. Rio de Janeiro: Forense, 1962. v.1.

[99] *Comentários ao Código de Processo* Civil. 5.ed. Rio de Janeiro: Forense, 1993. v.8, t.1.

Para Galeno Lacerda, haveria jurisdição também nos procedimentos administrativos sempre que fosse necessário uma manifestação de juízo para a resolução de uma questão, como por exemplo, sobre a competência.

Celso Neves[100] identifica atividade jurisdicional de forma única no processo de conhecimento, realizada através de declarações puras. Para este pesquisador, o Poder Judiciário não exerce apenas a jurisdição, assim apresentando sua particular classificação das atividades desta função estatal:

a) atividade jurisdicional - a que corresponde o processo de conhecimento;

b) atividade juris-satisfativa - a que corresponde o processo de execução;

c) atividade juris-integrativa - a que correspondem os procedimentos de jurisdição voluntária[101].

Botelho de Mesquita[102] nega a jurisdicionalidade do simples ato de julgar, que se dá "quando o juiz se capacita a dizer se o Estado está ou não obrigado a prestar jurisdição". A jurisdição somente seria efetiva quando o juiz produzisse algum efeito transformador da ordem jurídica, podendo este ser executivo ou executório.

2.3.2.4.1. Apreciação crítica. Nesta doutrina mais importa aos magistrados o julgamento do conflito do que a própria pacificação do mesmo, conforme os princípios de Direito Objetivo e de Justiça, sendo insuficiente o conceito de lide para qualificar a atividade jurisdicional[103], que também poderia ser pacificada de forma justa por outros agentes, particulares ou estatais, que não juízes.

Ovídio Baptista tece várias críticas a Galeno Lacerda[104] - que vê no julgamento da questão a presença do ato jurisdicio-

---

[100] A Classificação das Ações. *Revista JUSTITIA*, 88/36.

[101] *Apud* Hermenegildo Rego, Existe a Jurisdição Voluntária? *Revista de Processo*, n. 42, p. 117-8.

[102] Mesquita, J. I. B. de. Da Ação Civil, *apud* SILVA, Ovídio Baptista da, *et alli. Teoria Geral do Processo.* Porto Alegre: Lejur, 1983. 336 p., p. 45.

[103] Santos, J. M. de. *Repertório Enciclopédico do Direito Brasileiro.* Rio de Janeiro: Borsoi, 1947. v. 30, p. 267-272.

[104] Galeno Lacerda, obra citada, p. 21.

nal - pois entende que este estaria, de forma ampliada, retrocedendo ao conceito de jurisdição formulado por Calamandrei que, em ensaio de 1917, declarou ser a decisão do juiz, em sentença declarativa, a nota característica desta atividade estatal. Os demais atos processuais seriam administrativos considerando a ausência de decisão pelo julgador.

Para Ovídio, a interpretação de que a competência do órgão jurisdicional é uma questão de lide também poderia ser usada pelos discípulos de Chiovenda que apregoam a natureza secundária e substitutiva da jurisdição.

Insurge-se ainda Ovídio contra a fórmula de Celso Neves, no que se refere ao posicionamento de considerar a atividade de execução forçada a única forma de tutela juris-satisfativa e não jurisdicional, eis que teria seu limite máximo na declaração final do processo de conhecimento.

Com a mesma acuidade científica, Ovídio questiona a postura de Botelho de Mesquita, influenciado por Liebman, ao buscar o conceito de unidade da ação, pressupondo o prévio *direito à administração da justiça,* considerado por Liebman como *direito constitucional de petição,* e ao não explicar a sentença de rejeição da ação improcedente, bem como as sentenças declaratória e executória, onde não há o efeito modificativo das relações jurídicas.

Finalizamos transcrevendo a crítica de Tesheiner[105], para quem a presença da lide é abstrata, "apenas suposta pelo legislador, o que dá margem a que se veja nas ações constitutivas necessárias uma hipótese de presunção absoluta da lide, independente, por isso, da existência de efetiva resistência do réu."

2.3.3. Outros conceitos. A imparcialidade e a *Terzietà*

Observando a Teoria da Substituição na interpretação de Chiovenda, Micheli[106] afirmou que a essência da jurisdição seria o seu caráter de imparcialidade, no que foi discordado por seu tradicional e ferrenho contraditor, Enrico Allorio.

---

[105] Ibidem.

[106] Revisión de la Noción de Jurisdicción Voluntaria. *Estudios de Derecho Procesal Civil.* p. 3-37. Tradução argentina para o espanhol do ensaio originalmente publicado na Itália em 1947.

Para Micheli a jurisdição tem sua principal característica, não só na qualidade de terceiro do juiz - *a terzietà* - e na irretratabilidade do objeto jurídico como efeito do ato jurisdicional, mas também nos princípios da demanda e do contraditório[107]. Para ele o juiz exercita o próprio poder-dever do Estado de tutelar um interesse que lhe vale proteger, e que somente em sentido muito amplo poderia ser relacionado ao juiz como parte da administração pública porque, em geral, trata-se de interesses da coletividade organizada e que não podem ser vinculados a nenhum dos ramos da administração pública e, por decorrência, da administração da justiça[108].

Ramiro Podetti declara com veemência que no exercício da atividade jurisdicional já está ínsita a idéia do juiz como terceiro imparcial[109].

Monteleone[110] comunga deste pensamento, escrevendo que em relação ao fato deduzido em juízo, o magistrado não pode senão ser estranho, ou "terceiro" no sentido mais genuíno da palavra. As partes *litigantes*, com a intenção de comporem a controvérsia, devem necessariamente dirigir-se a um "terceiro" e não a uma delas porque, de outra forma, não alcançariam de maneira imediata a um entendimento, excluindo assim, na raiz, a exigência do *juízo* e a experiência do processo.

Nas lições de Mauro Cappelletti *apud* Carneiro (Jurisdição - Noções Fundamentais, *Ajuris*, n. 20, p. 36), o juiz será sempre um terceiro, no sentido de ser alheio ao litígio e imparcial. Já o comando da sentença será sempre um imperativo ao qual as partes ficarão sujeitas, ou um comando *super* partes.

Embora signatário da Escola Chiovendiana, Frederico Marques também partilha do pensamento de que seja a jurisdição

---

[107] Micheli. Jurisdicción Voluntaria: Significado y Límites. *Estudios de Derecho Procesal Civil.* Buenos Aires: EJEA, 1970. v.4, p.127.

[108] Obra citada, p.16-7.

[109] Podetti, Ramiro. *Apud* Prata, obra citada, p. 66.

[110] Monteleone, Girolamo. Note Sui Raporti tra Giurisdizione e Legge nello Stato di Diritto. *Rivista Trimestrale di Diritto e Procedura Civile,* Milano, v. 4, n. 1, p. 1-19, mar./1987.

uma atividade substitutiva, exercida por um órgão imparcial e inerte[111].

E para Ovídio Baptista[112] são pressupostos básicos da atividade jurisdicional:

a) A prática do ato jurisdicional como dever de função pelo juiz-Estado e como finalidade específica do seu agir segundo o Direito Positivo,

b) e a condição de terceiro imparcial do magistrado em relação ao interesse sobre o qual recai sua atividade, e que é exercida numa posição de independência de "estranho" relativamente ao interesse do tutelado.

2.3.3.1. Apreciação crítica

Insurgem-se contra este conceito de jurisdição aqueles que vêem dificuldade em ser o juiz um terceiro desinteressado, independente e imparcial nos casos em que o Estado for parte da lide.

Contraditando Micheli, estas são as palavras de Enrico Allorio sobre a imparcialidade do magistrado, a qual nada distingue daquela do administrador público[113]:

"Estamos en presencia de una imagen, y nada más. Si se quiere referir a un ideal moral, que el juez deba cultivar como suyo, entonces la enseñanza es nobilísima, pero no es una enseñanza jurídica; por el contrário, si, mas modestamente, se limita a considerar la imparcialidad bajo el aspecto de la obligación que incumbe al juez de observar la ley, entonces nada hay que alegar: pero, que me perdone mi contradictor, no se puede decir en absoluto que una distinta disciplina valga para el administrador: que este esté, en otros términos, dispensado de la observancia de la ley."

---

[111] Marques, José Frederico. *Instituições de Direito Processual Civil*. 2.ed. Rio de Janeiro: Forense, 1962. p. 277.

[112] *Curso de Processo Civil*, v.1, p. 28-9.

[113] Allorio, Enrico. *Jurisdicción y Cosa Juzgada. Problemas de Derecho Procesal*. Buenos Aires: EJEA, 1963. T.2, p.103. Tradução para o espanhol de Santiago Sentís Melendo.

Contudo, na seara da jurisdição penal é o próprio Estado que regula a relação entre ele e o acusado, em especial quando o juiz exerce a dupla função de acusar e julgar, como ocorre no processo inquisitório.

Tesheiner responde a esta acusação, afirmando que não é senão através do artifício da distinção entre Estado-juiz e Estado-acusador que se atribui ao julgador a condição de terceiro, nada impedindo que este assuma uma posição de independência frente a outro órgão do Estado[114].

2.4. A JURISDIÇÃO E AS DEMAIS ATIVIDADES DO ESTADO

Para que se possa chegar ao estudo da natureza jurídica da jurisdição voluntária, necessário se faz esboçar preliminarmente as básicas distinções entre a atividade jurisdicional e as atividades estatais legislativa e administrativa.

Sistematizando a ação jurídica do Estado, Aldo Sandulli[115] considera que toda a atividade do Estado se realiza sempre através de um procedimento, visando à produção de um ato jurídico, que poderá ser a lei, a sentença ou o ato administrativo, dependendo da atividade pela qual for exercitado e subjazendo em todos eles o conceito da unidade estatal.

Todavia, apesar de presente o princípio da privacidade das funções na maioria absoluta das cartas constitucionais modernas, este há muito perdeu sua rigidez, especialmente no que tange às relações do Judiciário com os demais poderes estatais, como bem expressa Maria Amália Moraes: "O princípio da plenitude lógica da ordem jurídica não significa a preexistência de regra escrita para toda situação da vida de relações

---

[114] Tesheiner, obra citada, p. 25: "A jurisdição penal é possível porque se pode separar a função de acusar da função de julgar. Há possibilidade lógica, porque o juiz, embora seja órgão do Estado, não se confunde com o Estado (...). Há possibilidade psicológica, porque nada impede que o juiz se posicione com independência em face de outro órgão do Estado. Há possibilidade jurídica, porque se pode atribuir a órgãos diversos as funções de acusar e de julgar."

[115] *Apud* Moraes, Maria Amália Dias de. *O Conceito de Jurisdição*. Tese de Mestrado em Direito Privado. Faculdade de Ciências Jurídicas e Sociais. UFRGS. Porto Alegre, 1989.

ou para todo e qualquer litígio, mas, forçosamente, que o sistema contém em si os elementos necessários à sua explicitação. Junte-se a isso a utilização cada vez mais ampla das cláusulas gerais, como política e técnica de elaboração legislativa, e a autorização de julgamento por eqüidade, quando o caso, para se ter como evidente que o processo de criação do direito não se esgota na ortodoxia do procedimento legislativo. Há, sem dúvida, um processo de apuração e depuração do direito, uma tarefa também construtiva do sistema na atividade jurisdicional"[116].

2.4.1. A Jurisdição e a atividade legislativa

Fruto da concepção franco-revolucionária de atividade judicial, por muito tempo entendeu-se o magistrado como reprodutor e aplicador mecânico das palavras da lei, vedado de qualquer interferência ou manifestação no campo dos demais poderes-deveres do Estado, enquanto ao Legislativo era reservada a exclusiva tarefa de criação da lei e, por conseqüência, do Direito Objetivo.

Na formulação de Chiovenda, partilhada por inúmeros outros doutrinadores, a função legislativa apenas dita as normas reguladoras das atividades dos cidadãos e dos órgãos públicos, enquanto a jurisdição atua estas mesmas normas[117].

Para Calamandrei, a legislação, em suma, estabelece o sistema da legalidade, enquanto a jurisdição o mantém em sua integridade real e efetiva.

De Pina e Larrañaga, em obra conjunta sobre o Direito Adjetivo mexicano, afirmam ser objeto da função legislativa a criação do Direito, considerada como a formação da lei e a determinação das normas subsidiárias, enquanto é objeto do Judiciário a aplicação do Direito, aí compreendido o juízo e a execução do julgado[118].

---

[116] Obra citada, p. 7-11.

[117] Chiovenda. *Instituições de Direito Processual Civil*. São Paulo: Saraiva, 1949. v.2, p. 15.

[118] De Pina, Rafael e Larrañaga, José Castillo. *Instituciones de Derecho Procesal Civil*. 6.ed. México: Porrua, 1963. p. 55.

NATUREZA JURÍDICA DA JURISDIÇÃO VOLUNTÁRIA **45**

Disse Liebman que no ato de interpretação judicial não há criação do Direito, mas uma declaração na qual deduz uma regra concreta já contida na preexistente norma abstrata[119].

No mesmo sentido Prata assevera que o Legislativo elabora as normas gerais e abstratas com o objetivo de regular a atividade das pessoas e dos órgãos públicos, sendo, por essência, criadora do Direito. Já o Judiciário tem por escopo atuar a norma legal nos casos concretos que lhe são submetidos, distribuindo justiça aos requerentes e declarando a lei aplicável ao caso concreto[120].

Com a evolução do pensamento jurídico-filosófico e hermenêutico passou-se a duvidar desta antes tão clara distinção entre as duas atividades, cristalizando-se em pontos que poderíamos resumir em duas questões básicas:

1ª) Nos casos de lacuna da lei, haveria criação do Direito pelo juiz, antes somente aplicador das normas positivas?

2ª) E aquele que interpreta a norma, limita-se a reproduzi-la ou lhe acrescenta algo de próprio e de novo?

Modernamente predomina a corrente doutrinária que aceita a criação do Direito também pelo magistrado na falta do texto legal ou quando da interpretação por eqüidade[121], o que lhe aproxima do básico conceito de legislador.

Esta expansão da criatividade judicial constitui fenômeno típico do século XX numa revolta contra o formalismo e o positivismo jurídicos, historicamente combatidos por Savigny, deflagrada pelas impressionantes conquistas liberais na área da política social, economia e setor público, o que veio colidir

---

[119] Liebman. *Manuale de Diritto Processuale Civile*. Milano: A.Giuffrè, 1957. V.1, p.07. No original: "Secondo la natura propria della funzione giurisdizionale, il giudice no crea, non pone liberamente questa regola concreta, ma si limita a dedurla logicamente dalla norma astratta; in questo senso l'attività del giudice è meramente dichiarativa, perchè el fato cade sotto l'impero della norma anche prima di divenire oggetto dei giudizio, e il giudice dà soltanto forma espressa ad una regola concreta logicamente contenuta nella formula astratta della legge."

[120] Obra citada, p. 110-1.

[121] "Conjunto de princípios imutáveis de justiça que induzem o juiz a um critério de moderação e de igualdade, ainda que em detrimento do direito objetivo. Sentimento de justiça avesso a um critério de julgamento ou tratamento rigoroso ou estritamente legal." *Dicionário Aurélio* .

de fronte com o antigo dogma do juiz como simples declarador do Direito[122].

O magistrado, para o pesquisador Faraco de Azevedo[123], embora também submetido ao Direito, encontra-se a ele vinculado de forma especial, o que foi negado pela filosofia neokantiana, para a qual o juiz "era destinatário da norma e seu executor, como qualquer outro funcionário e como qualquer outro membro da comunidade jurídica."

Azevedo registra ainda que os juízes e tribunais não cessam jamais de exercer o poder criativo no exercício das suas funções, vez que é inviável a separação absoluta entre as atividades legislativa e judiciária. Esta seria uma utopia silogística da lei, apenas acidentalmente realizável, quando o normal é a rebelião dos fatos cotidianos contra esta perspectiva simplista[124].

Assim concorda Amaral Santos, com a observação particular de que o magistrado cria o Direito, mas não a norma, que é extraída do ordenamento jurídico onde já se encontra em estado latente, informando-se para isso nas disposições concernentes aos casos análogos, aos costumes e aos princípios gerais do Direito[125].

Carnelutti afirmou que no preenchimento da lacuna legal se forma *ex novo* para o juiz um mandato concreto para a composição de um conflito que não está diretamente regulado pelo Direito[126]. Aqui haverá criação, e não declaração do Direito, sem prejudicar esta assertiva o fato de não ser livre o julgador, visto que ele sempre estará aplicando uma regra.

---

[122] Segundo Plauto Faraco de Azevedo, "O positivismo jurídico é o esvaziamento do poder do juiz". *Justiça Distributiva e Aplicação do Direito*. Porto Alegre: Fabris, 1983. 159p. p. 117.

[123] *Justiça Distributiva e Aplicação do Direito*, p. 117.

[124] "Talha-se a realidade das coisas ora em arestas vivas ora em contornos vagos e indefinidos, exigindo, quase sempre, árduo e complicado labor na aplicação satisfatória da regra à especificidade do caso. A hipótese legal rarissimamente deixa de diferir, em tal ou qual ponto, daquela que se apresenta ao julgador ou ao intérprete, requerendo um processo de adaptação que, não raras vezes, ultrapassando as raias do comum, se eleva a altitude verdadeiramente criadora." *Justiça Distributiva e Aplicação do Direito*, p. 92-3.

[125] Santos, Moacyr Amaral dos. *Primeiras Linhas do Direito Processual Civil.*, p. 69.

[126] Também Cappelletti, em *Juízes Legisladores?*.

Entretanto, esta norma que vive em estado amorfo na consciência dos cidadãos, não é Direito, mas mandato que somente se converterá em Direito quando for agregado à sentença judicial[127].

Derrubado o mito da subserviente interpretação do juiz à letra da lei, sabemos hoje que o Direito não é mais prisioneiro dos códigos, e temos na doutrina e na jurisprudência o reconhecimento pacífico de fontes mananciais de Direito[128], constituindo a criatividade indissociável fator da atividade jurisdicional.

Qual a diferença, então, entre o juiz e o legislador?

Zanzucchi a localiza no chamado *terreno nebuloso*, de indistintas fronteiras, onde se dá a intersecção das atividades estatais. Nesta *zona gris* em que se interpenetram Judiciário e Legislativo, ou estes poderes e a Administração, estaria a atividade que excepcionalmente o juiz exerce como legislador e, na concepção deste processualista, também a jurisdição voluntária, atividade que considera substancialmente administrativa[129].

Para Prieto-Castro a resposta final está na soma de pequenas diferenças somente encontradas após detalhada comparação entre os órgãos, objetos, procedimentos e fins de cada uma das duas atividades[130].

---

[127] De La Jurisdicción. *Sistema de Derecho Procesal Civil*. Buenos Aires: UTEHA, 1944. V.1, p.158-159. Ainda nesta mesma obra declara Carnelutti: "O conjunto de normas materiais é um sistema rígido; o conjunto das relações sociais é uma massa em movimento. Faz falta inserir naquele sistema juntas elásticas, se se quer evitar que o Direito comprima a Sociedade ou que esta infrinja o Direito. O procedimento de analogia, se é fielmente aplicado, longe de atenuar esta rigidez, a agrava mediante sua proibição às normas excepcionais. É necessário, que pelo menos nos extremos em que a matéria social é mais rebelde à regra geral, intervenha o juízo de eqüidade, Se o Direito Objetivo quer permanecer jovem, há de consentir, sem excesso e porém sem defeito, esta infiltração da eqüidade, que é a sua própria substância vital. O instrumento para esta alimentação do Direito é, precisamente, o processo dispositivo." (Tradução do Autor)

[128] No mesmo sentido Gusmão, Paulo Dourado de. *Filosofia do Direito*. Rio de Janeiro: Forense, 1985. p. 142.

[129] Zanzucchi, Marco Tullio. Giurisdizione (Civile) Contencioza e Giurisdizione Volontaria. *Diritto Processuale Civile*. 6.ed. Milano: A.Giuffrè, 1964. T.1, p. 44.

[130] Prieto-Castro, L. Derecho Procesal Civil. Madrid: *Revista de Derecho Procesal Privado*, 1964. p. 88-90.

Especificamente quanto ao direito pátrio, Athos Gusmão Carneiro entende ser exercício de atividade legislativa pelo Judiciário, porque não vinculada ao caso concreto, a ação direta de inconstitucionalidade, pela qual o Supremo Tribunal Federal pode declarar, em tese, a inconstitucionalidade da lei ou de ato normativo federal ou estadual que aquele pretório julgar infringente aos princípios da Constituição Federal[131].

Não esqueçamos também a faculdade nitidamente legislativa que têm os tribunais judiciários de elaborar e votar os seus próprios regimentos internos.

Na ótica de Frederico Marques, além de genérica e abstrata, a norma legal é sempre constitutiva, mesmo quando repetir ou declarar princípios já existentes. Na jurisdição há aplicação individualizada da norma geral e abstrata contida nos preceitos legais, sendo o juiz a viva *vox juris* que transforma o comando concreto entre as partes. Somente existirá constitucionalidade na função jurisdicional nos casos das disposições em branco que a lei permite ao juiz completar, supondo uma preexistência da norma a ser aplicada embora não formulada de forma explícita[132].

João Bonumá aceita o limitado exercício da função legislativa pelo juiz na hipótese de lacunas do ordenamento jurídico e no julgamento por eqüidade, o qual informa ser criação do Código Suíço das Obrigações, reproduzida no artigo 114 do Código de Processo Civil de 1946[133]. Afirma este jurista que graças a esta *ampliação* da função judiciária, prolonga-se o tempo de aplicação útil das leis, que se adaptam à regência de situações novas, imprevistas ou imprevisíveis ao legislador na época da edição da norma.

Monteleone, em trabalho sobre as relações entre a jurisdição e lei no Estado de Direito, afirma que tanto legislação quanto jurisdição participam do movimento de criação da ordem jurídica, ainda que em medida quantitativamente diver-

---

[131] Jurisdição: Noções Fundamentais. *Revista AJURIS*, Porto Alegre, V.7, n. 20, p. 22-48, nov./1980.

[132] Frederico Marques. *Instituições de Direito Processual Civil*. 2.ed. Rio de Janeiro: Forense, 1962, V.1, p. 290-1. No mesmo sentido Tesheiner, em *Jurisdição Voluntária*, p. 23.

[133] "Quando autorizado a decidir por eqüidade, o juiz aplicará a norma que estabeleceria se fosse legislador." Obra citada, p. 306.

sa, estando ambas sujeitas a limites essenciais e consistindo a real diferença entre elas na qualidade do objeto sobre o qual o legislador e o juiz são chamados a se pronunciar.

O objeto seria o problema abstrato para o Legislativo, e os litígios, concretos para o Judiciário, com a natural consequência de que o ato legislativo provê e é eficaz para uma série indefinida de casos futuros, enquanto o ato jurisdicional provê para um caso concreto e é eficaz tão-somente para ele[134].

Já em 1920, Benjamin Cardozo, célebre juiz da Suprema Corte americana, referindo-se aos sistemas da *common* e da *civil law* pregava o afastamento do fetiche de máximas implacáveis como a divisão dos poderes governamentais.

Afirmava o magistrado que tanto o legislador quanto o juiz, este com limites mais estreitos, legislam dentros dos limites de suas competências. O juiz legisla apenas para suprir lacunas e espaços vazios no Direito Positivo, mas aí movendo-se com uma liberdade que comunica à sua ação o caráter de criador. Nas suas próprias palavras, "o direito, que é o produto resultante, não é encontrado, e sim criado. Sendo o processo legislativo, exige sabedoria do legislador."[135]

---

[134] Monteleone, Girolamo. Note Sui Raporti tra Giurisdizione e Legge Nello Stato di Diritto. *Rivista Trimestrale di Diritto e Procedura Civile*, Milano, V.4, n.1, p.01-19, mar./1987. E assim acrescenta o autor: "Se, pois, se identifica o direito positivo somente com os conteúdos normativos emanados do legislador, deve-se perguntar se esses seriam na verdade a única segurança e garantia da honra, da liberdade e dos direitos dos cidadãos. Longe querer diminuir o valor da lei e a certeza do direito, mas não se pode, hoje, negligenciar o fato, depois das experiências históricas vividas e aquelas ainda em curso, que a norma pode ser injusta ou sem sentido, e que sua força pode ser usada conscientemente pelo legislador, não para proteger, mas para infringir sistematicamente a dignidade, a honra, a liberdade e os direitos da pessoa. Quem então poderá acusar de arbítrio aquele juiz que, chamado a "aplicar" a norma manifestamente iníqua e persecutória, emitida em uma situação ditatorial e opressiva, procura reduzir seu alcance e atenuar-lhe os efeitos? (...) E assim como a liberdade do cidadão exige que o juiz não se torne legislador arbitrário, igualmente exige que o legislador não traia a sua função, tornando-se um juiz arbitrário , exercendo um juízo de fato e de direito que não lhe pertence." (Trad. do Autor) Sobre a lei injusta, Plauto Faraco de Azevedo, partilhando do mesmo entendimento, em *Justiça Distributiva e Aplicação do Direito*, p. 17.

[135] Cardozo, Benjamin Nathan. O Método da Sociologia. O Juiz Como Legislador. *A Natureza do Processo e a Evolução do Direito*. 3.ed. Porto Alegre: Coleção AJURIS, 1978. p. 109-135.

Partilhamos do magistério de Mauro Cappelletti, pelo qual legislador e juiz atuam super partes, e enquanto o primeiro age de ofício, o segundo, caracterizado como sujeito imparcial e tendo como pressuposto a existência de uma lide, está condicionado e limitado ao pedido da parte[136].

Em obra denominada *Juízes Legisladores?*[137] Cappelletti afirma que é inútil continuar conceituando como criadora do Direito somente a atividade legislativa, vez que, indiscutivelmente, está implícita a atuação do juiz certo grau de criatividade, sendo o problema estabelecer o grau da mesma e os limites de sua aceitabilidade na criação do Direito.

Da ótica substancial, tanto a atividade jurisdicional quanto a legislativa constituem processos de criação do Direito (*law-making processes*), mas de modos essencialmente diversos em uma e outra. A característica distintiva da função judiciária é identificada sob a ótica processual, nos limites que a diferem das demais atividades do Estado, e que são a condição de terceiro imparcial e super partes do juiz, o caráter contraditório do processo e a necessidade de provocação da tutela jurisdicional, sem a qual o magistrado não poderia exercer em concreto o seu poder.

Concluindo, ensina Cappelletti que o verdadeiro perigo a prevenir não está no fato de serem os juízes criadores do Direito e como tais se apresentem, mas que seja pervertida a característica essencial, isto é, o modo do processo criativo jurisdicional, representado pelas garantias ínsitas da independente função jurisidicional e desenvolvidas no decorrer de milênios de evolução da sapiência jurídica humana.

2.4.2. O Judiciário e a atividade administrativa

Se existem discussões sobre as diferenças entre a atividade Legislativa e a Judiciária, com muito mais fervor serão encontradas entre aqueles que procuram estabelecer o traço distintivo entre esta última e a atividade Administrativa, principalmente quando se trata de definir a qual delas pertence-

---

[136] *Apud* Carneiro, obra citada, p 20.

[137] Cappelletti, Mauro. *Juízes Legisladores?* Porto Alegre: Fabris, 1993. 134p.

riam os atos de jurisdição voluntária, onde, *lato sensu*, inocorre a lide.

Diversos são os ordenamentos jurídicos que ainda hoje diferenciam a sentença do ato administrativo, classificando a Jurisdição como uma espécie distinta de Administração[138].

Mesmo os países que adotam a Teoria Tripartite em sua forma mais ortodoxa encontram dificuldades em não confundir a responsabilidade pela tutela dos atos de administração pública de interesses privados, ou dos direitos privados.

Estes, nos dizeres de Edson Prata[139], ora são incluídos na Administração, ora na Jurisdição, conforme sejam ou não executados por juízes ou pessoas desvestidas de poderes jurisdicionais.

Basicamente, cada uma das Escolas que indicam uma característica específica e definitiva para o conceito de Jurisdição a reproduz quando se trata de diferenciar esta atividade da Administração Pública.

Assim Allorio fixa a coisa julgada como nota diferencial entre Jurisdição e Administração[140].

Chiovenda[141], integralmente atestado por Calamandrei[142], afirma terem Jurisdição e Administração efeitos diversos e que a atividade jurisdicional será sempre substituição de uma atividade pública por uma alheia. A jurisdição sobre atos administrativos se daria quando houvesse uma verdadeira substituição de órgãos do Estado por órgãos do Estado, ou no afirmar a existência ou inexistência de uma vontade de lei, ou no executá-la.

---

[138] Sobre o direito processual mexicano, afirma Prieto-Castro que o estudo destas diferenças se faz com base no *"pré-conceito"* político, legal e doutrinário do predomínio ou superioridade da função legislativa sobre a jurisdicional, que se caracteriza por travas colocadas na função judiciária para evitar que se imiscua nos misteres legislativos (obra citada, p.90). No mesmo sentido e versando sobre o ordenamento judídico francês, Garsonnet, obra citada, p. 9-14.

[139] Obra citada, p.131-134.

[140] Ensayo Polémico Sobre la "Jurisdicción Voluntaria". *Problemas de Derecho Procesal*. p. 26-33.

[141] *Instituições de Direito Processual Civil*. São Paulo: Saraiva, 1949. v. 2, p. 19.

[142] Calamandrei, Piero. Limiti fra Giurisdizione e Ammnistrazione Nella Sentenza Civile. Opere Giuridiche, p. 65-93. Nas palavras deste jurista é a coisa julgada a *pietra di paragone* que caracteriza as decisões estritamente jurisdicionais (p. 91).

Esta situação em que o Estado substitui-se a si mesmo somente se faz possível graças à estrutura constitucional majoritariamente difundida nos países ocidentais, onde ainda vige o primado de Montesquieu da tripartição dos poderes[143].

Traçando as diferenças básicas entre estas atividades, Chiovenda desta forma as classificou:

a) Administração: atividade primária que age por impulso próprio, julgando segundo a lei suas próprias ações, que poderão ser revogadas;

b) Jurisdição: atividade secundária (no sentido de ser colocada no lugar de uma atividade principal), que age em substituição, atuando a lei e julgando atividade alheia e cujas decisões declarativas produzem a coisa julgada.

De Pina e Larrañaga ensinam que os atos administrativos têm por finalidade a manutenção e o normal desenvolvimento dos serviços públicos, enquanto os jurisdicionais visam à manutenção eficaz do sistema da legalidade estabelecida pelo legislador[144].

Carnelutti acredita que ambas as funções atendem a interesses públicos, e a diferença está na distinção entre o interesse público na composição dos conflitos e no interesse público em conflito; ou entre os interesses públicos externos e os interesses públicos internos. A função processual mira satisfazer o primeiro, a Administração a desenvolver os demais. A função administrativa se cumpre em conflito, enquanto a processual opera sobre o conflito. Os atos processual e administrativo podem coincidir em conteúdo, mas diferem quanto às suas finalidades específicas[145].

No Brasil, Celso Barbi vê na substituição a característica distintiva da atividade jurisdicional[146].

Já Athos Gusmão Carneiro buscou a diferença nos critérios de ordem objetiva e não subjetiva (de quem praticou o ato)[147], com o que está de acordo Frederico Marques, ao registrar que

---

[143] Arruda Alvim, obra citada, p. 128.

[144] Obra citada, p. 60.

[145] *Instituciones de Derecho Procesal Civil*, p. 58-59.

[146] *Comentários ao Código de Processo Civil*. 5.ed. Rio de Janeiro: Forense, 1988. v.1, p. 15.

[147] Jurisdição, Noções Fundamentais. *Revista AJURIS*, Porto Alegre, v.7, n. 20, p. 34-36, nov./1980.

a distinção deve ser fixada do ponto de vista material, em razão da natureza de cada uma das funções estatais. Quando houver dúvidas nesta caracterização, Marques invoca o antes citado quadro de critérios distintivos entre Administração e Jurisdição, como organizado por Chiovenda.

Também João Bonumá filia-se à Escola Chiovendiana, acrescentando ainda a coerção como elemento pertinente à Jurisdição[148].

Própria é a crítica de Chiovenda, formulada por Carnelutti, que não aceitou como característica da Jurisdição a substituição de uma atividade pública por uma privada, eis que o juiz não julgaria no lugar das partes, mas sobre elas. Para ele, o órgão executivo não cumpre a obrigação no lugar do obrigado, mas realiza a obrigação que foi declarada no mandado contra o obrigado[149].

Perfilhamo-nos à idéia de *terzietà*, nos nossos dias bem expressada por Cappelletti e partilhada que foi por Liebman, segundo a qual o ato administrativo importa na edição de norma concreta, pelo próprio Estado, na sua relação com o cidadão, enquanto o ato jurisdicional supõe a edição de norma concreta por um terceiro, estranho à relação regulada[150].

2.4.2.1. O contencioso administrativo

Vistos os princípios básicos da Teoria da Separação dos Poderes, assim como as principais definições da Jurisdição e suas diferenças em relação aos demais poderes-deveres do Estado, temos por necessária a abordagem dos casos em que a aplicação do Direito a uma situação jurídica é função atribuída pela lei a outros órgãos estatais que não os judiciários, e que por sua natureza relacionam-se com o tema do nosso trabalho.

É o caso dos contenciosos administrativos, notadamente nos países que adotam o sistema da dualidade de jurisdição, também denominado de "sistema francês", onde a autonomia

---

[148] *Direito Processual Civil*, V.1, p. 307 e seguintes.

[149] De Pina-Larrañaga, obra citada, p. 59.

[150] *Juízes Legisladores?*, p. 23. Igualmente Liebman em *Manuale di Diritto Processuale Civile*, 2a. ed., Milano: A.Giuffrè, 1957. V.1, p. 4. No Brasil, entre outros, Tesheiner, obra citada, p. 11-30.

do Poder Administrativo é caracterizada pela independência da jurisdição administrativa em relação à jurisdição ordinária e à administração ativa estatal[151].

Na França é o *Conseil d'État* o órgão máxime dentre a hierarquia jurisdicional administrativa, conservando uma ampla competência em primeira e última instância sobre os mais importantes atos do Executivo, julgando e interpretando textos legislativos e regulamentares, e produzindo uma jurisprudência que, na prática forense, possui força altamente vinculativa[152].

Esta concepção de controle dos atos administrativos por uma jurisdição especial é fruto histórico de uma ortodoxa visão inicial da separação dos poderes pelos revolucionários franceses de 1789.

Os contenciosos administrativos efetivamente jurisdicionam nos litígios relacionados ao serviço público em que forem parte a Administração ou suas autarquias, vez que estes tribunais decidem com eficácia vinculativa plena, não podendo as lides ser reapreciadas pelo Poder Judiciário[153].

A maior crítica feita a este sistema é a não-submissão da Administração às decisões do Poder Judiciário, o que não deixa de ser submissão ao ordenamento criado pelo próprio Estado. Além disso, condena-se a *jurisdictio* por um Poder não especializado e que, considerados seus próprios fins e interesses, menores condições teria de observar com justiça e imparcialidade os direitos dos particulares quando em oposição ao próprio Estado.

O sistema da dualidade de jurisdição contrapõe-se ao sistema da unidade de jurisdição, também chamado de "sistema inglês", anterior à própria Revolução Francesa e adotado pelo ordenamento positivo pátrio, tendo como característica nata a separação dos poderes do Estado.

---

[151] Franco Sobrinho, Manoel de Oliveira. Jurisdição Administrativa. *Enciclopédia Saraiva de Direito*. São Paulo: Saraiva, 1977. v. 47, p. 90-94.

[152] Ashwort, Antoinette. Obra citada, p.1483-1586. Sobre a proeminente posição do Conselho de Estado no seio da jurisdição administrativa francesa, assim o define a autora, transcrevendo J. Rivero (Conseil d'État, Cour Régulatrice, 1954): "Le Conseil d'État est le soleil de ces treinte planètes que sont les tribunaux administratifs." (p. 1.484).

[153] Carneiro, Athos Gusmão. *Jurisdição, Noções Fundamentais*. p. 97.

Da Inglaterra este sistema foi levado para as colônias britânicas da América, onde atingiu grande evolução técnica e importância política, especialmente na doutrina norte-americana, que deferiu ao Judiciário a integralidade da apreciação das questões a ele submetidas, e cujas decisões são geradoras do *final enforcing power*[154].

No Brasil existiram contenciosos administrativos durante a época do Império, herança da administração colonial, onde primeiramente os Capitães-Governadores das capitanias hereditárias, seguidos pelos Governadores Gerais e depois pelos Vice-Reis, enfeixavam em sua autoridade a Justiça em todas as suas manifestações e alçadas.

O monopólio da jurisdição continuou identificado na pessoa do Rei com a vinda da corte portuguesa para o Brasil em 1808, e assim foi transferida para o Executivo após a declaração da independência, que passou a exercer a justiça administrativa através da criação de Conselhos de Estado. Estes só foram abolidos após a proclamação da República, quando implantou-se o princípio da unidade jurisdicional e o equilíbrio entre os três poderes-deveres do Estado[155].

Atualmente, por previsão constitucional, funcionam no país colegiados administrativos atuando no âmbito das atividades financeiras e tributárias, e cujas decisões não transitam materialmente em julgado, sendo passíveis de reexame pelo Judiciário, cujo monopólio jurisdicional em nada é afetado pela existência destes órgãos e que não se assemelham aos contenciosos administrativos franceses.

Nas palavras de Frederico Marques, falta-lhes o instituto inglês do *final enforcing power*, equivalente à nossa coisa julgada, e que é privativo do Poder Judiciário[156].

O Judiciário, entretanto, não poderá julgar os atos praticados pelo administrador no exercício da sua atuação discricionária, da qual lhe resulta deferido um espaço de liberdade de decisão, fruto de pura intelecção subjetiva quanto à manei-

---

[154] Coisa julgada.

[155] Lima, Ruy Cirne. *Princípios de Direito Administrativo*. 5.ed. São Paulo: RT, 1982. p. 26-30 e 205-208.

[156] *Instituições de Direito Processual Civil*, 1962, V.1, p. 78 e *Ensaio Sobre a Jurisdição Voluntária*, 1959, p. 125. Também Arruda Alvim, *Código de Processo Civil Comentado*, 1975, v.1, p. 106.

ra de proceder, de acordo com os critérios legais de conveniência e oportunidade administrativa.

Apenas o controle da legalidade do ato administrativo será de alçada do Judiciário, que examinará, no caso concreto, se foram ou não invocados os critérios discricionários exigidos pelas normas positivas a ele aplicáveis[157].

2.5. CARACTERÍSTICAS DA JURISDIÇÃO MODERNA

Sendo pacífico que a Jurisdição é a função resultante da proibição estatal de realização da justiça privada, e daí a necessidade e o dever de compor o poder público os conflitos naturalmente ocorrentes na sociedade humana, surge o Direito Processual como complexo de normas reguladoras do exercício da atividade jurisdicional e instrumento de realização do Direito.

Desta forma está o processo intimamente ligado à existência de diversos traços considerados básicos da Jurisdição como atividade e também como condicionante de uma ampla gama de procedimentos obrigatoriamente adotados como garantias da administração da Justiça pelo julgador como órgão representativo da função estatal[158].

Muito se tem escrito no estudo da atividade jurisdicional desde o final do século passado até nossos dias.

Numa sintética tentativa de sistematização das idéias de alguns dos mais expressivos processualistas nacionais e estrangeiros, procuramos arrolar os principais aspectos classificatórios referentes a esta atividade, evitando as inúmeras controvérsias existentes e relacionadas às diversas Escolas que colaboram na construção do conceito de Jurisdição, tema que,

---

[157] Mello, Celso Antonio Bandeira de. *Discricionariedade e Controle Jurisdicional*. São Paulo: Malheiros, 1982. p.11 e 48.

[158] Registra Frederico Marques: "Jurisdição e processo, por isso, são conceitos inscindíveis: não há jurisdição sem processo, e tampouco processo sem jurisdição. A jurisdição é a força operativa com que se realiza o *imperium* do Estado para compor um litígio; e o processo, o instrumento imanente à justiça, para que o Estado alcance o escopo." *Apud* Falcão, Antonio Augusto Vieira. *O Processo como Meio de Exercício da Jurisdição*. Mestrado em Direito Privado. Faculdade de Direito, UFRGS. Porto Alegre, 1991.

embora de necessária abordagem, não é o objeto último desta obra.

2.5.1. Traços básicos

Fruto de conclusões das sucessivas doutrinas que buscaram identificar a nota definitivamente caracterizadora da Jurisdição, considera-se hoje esta atividade como:

- pública, porque exercida monopolisticamente pelo Estado, como poder-dever de função[159];

- secundária, porque o Estado efetiva uma atividade que deveria ter sido realizada primariamente pelos particulares[160];

- provocada, já que, nos dizeres de Frederico Marques, imbuída da *necessária indiferença inicial*, o juiz não se manifesta senão impulsionado pelas partes interessadas[161];

- substitutiva, conforme doutrina de Chiovenda, havendo substituição da atividade das partes pela atividade estatal[162];

- indeclinável, pois somente pode ser exercida por pessoa legalmente investida do poder de julgar, que não pode ser delegado[163];

---

[159] Frocham (*apud* Prata, *Jurisdição Voluntária*, p. 53), Athos Carneiro (*Jurisdição e Competência*, p. 7-13), Ovídio (*Teoria Geral do Processo*, p. 47), Frederico Marques (*Instituições*, p. 275).

[160] João Bonumá (*Direito Processual Civil*, p. 308), Athos Carneiro (*Jurisdição e Competência*, p. 7-13), Ovídio (*Teoria Geral do Processo*, p. 47), Theodoro Júnior (*Curso de Direito Processual Civil*, p. 37).

[161] Esta característica é definida por dois conhecidos brocardos latinos: *Nemo judex sine actore* (Ninguém é juiz sem autor) e *Ne procedat judex ex officio* (Não proceda o juiz de ofício). No mesmo sentido Rocco, Alfredo (*La Sentenza Civile*, p. 98. Apud Arruda Alvim, obra citada, p. 130), Becerra Bautista (*El Proceso Civil en Mexico*, p. 5), Athos Carneiro (*Jurisdição e Competência*, p. 7-12), Frederico Marques (*Instituições*, p. 278), Theodoro Júnior (Curso, p. 37).

[162] Assim Chiovenda (Instituições), Becerra Bautista (obra citada, p. 5), Alfredo Rocco (*La Sentenza Civile*), Bonumá (obra citada, p. 308), Athos Carneiro (*Jurisdição e Competência*, p. 7-12), Edson Prata (obra citada, p. 59), Amaral Santos (*Primeiras Linhas de Direito Processual Civil*, p. 70), Frederico Marques (*Instituições*, 277), Arruda Alvim (*Código de Processo Civil Comentado*, p. 126-126), Galeno Lacerda (*Comentários ao Código de Processo Civil*).

[163] Athos Carneiro (*Jurisdição e Competência*, p.07-13), Theodoro Júnior (*Curso de Direito Processual Civil*).

- exercida pelo juiz natural, vez que proibidos os "tribunais de exceção", estranhos ao Poder Judiciário, aos quais falta a presunção de independência e imparcialidade[164];
- geradora da autoridade da coisa julgada material, decorrente do seu efeito declarativo[165];
- imparcialidade[166]/*terzietà*, devidas ao indiferentismo do juiz frente aos interesses das partes, sendo asseguradas pelas garantias da magistratura[167];
- independência[168], tanto de ordem jurídica quanto política, o que decorre das garantias constitucionais do magistrado e do princípio de que nenhum juiz está sujeito à subordinação hierárquica de qualquer espécie;
- instrumental, porque assim é utilizada pelo Direito para impor-se aos cidadãos[169].

2.5.2. Classificação da Jurisdição

Embora seja a Jurisdição una e homogênea, como poder decorrente da soberania do Estado, por critérios de conveniência, é comumente subdividida em espécies conforme a natureza jurídica do conflito a ser resolvido.

---

[164] Athos Carneiro (*Jurisdição e Competência*, p.07-13), Theodoro Júnior (*Curso de Direito Processual Civil*).

[165] Allorio (obra citada), Gimeno Gamarra (*apud* Allorio, obra citada, p.80-2) Athos Carneiro (*Jurisdição e Competência* , p. 7-13). No direito norte-americano *final enforcing power*, segundo Frederico Marques (*Instituições*, p. 219).

[166] Também Micheli (*Estudios de Derecho Procesal Civil*, p.16-7), Segni, David Lascano (*apud* Prata, obra citada, p. 53), Ovídio (*Teoria Geral do Processo*, p. 49), Theodoro Júnior (Curso de Direito Processual Civil, p. 37), Frederico Marques (*Instituições*, p. 277). E contra: Allorio (*Problemas de Derecho Procesal Civil*, v.2, p. 102-104).

[167] São garantias da magistratura a vitaliciedade, a inamovibilidade e a irredutibilidade de vencimentos. Para Cappelletti, a *terzietà*. Ainda Micheli, Segni, Monteleone (obra citada, p. 10), Prata (obra citada, p. 59), Ovídio (*Teoria Geral do Processo*, p. 49), Amaral Santos (*Primeiras Linhas*, p. 70), Frederico Marques (*Instituições*, p. 277).

[168] Micheli, Ovídio (*Teoria Geral do Processo*, p. 47; *Curso de Processo Civil*, v.1, p. 37), Arruda Alvim (*Código de Processo Civil Comentado*, p.133).

[169] Satta, Ugo Rocco e Becerra Bautista (*El Proceso Civil en Mexico*, p. 7), Theodoro Júnior (*Curso de Direito Processual Civil*, p. 37).

Assim encontramos a jurisdição penal e civil, quando houver ou não a pretensão de aplicação de sanções de natureza penal; a jurisdição comum e as especiais, estas últimas definidas constitucionalmente[170]; a jurisdição de primeira e de segunda instâncias, além dos tribunais superiores; a jurisdição contenciosa e a voluntária, cuja distinção nos ocuparemos mais tarde, e a jurisdição legal e a convencional, conforme exercida por juízes ou por árbitros, respectivamente[171].

2.5.3. Fins da jurisdição

Num primeiro momento considerou-se como fim da Jurisdição a tutela dos direitos subjetivos[172]. Modernamente prepondera a concepção que vê nesta atividade o escopo de assegurar a paz jurídica pela atuação da lei, disciplinando a relação jurídica em que controvertem as partes[173].

2.5.4. As funções jurisdicionais

São funções básicas da atividade jurisdicional moderna a cognição, compreendendo os atos de conhecimento sobre uma situação incerta e também denominada de *lide da pretensão resistida*; a execução, ou *lide da pretensão satisfeita*, englobando os atos satisfativos *lato sensu*; e a cautelar, que alguns juristas denominam de *lide da pretensão insegura*, abrangendo os atos de debelação de riscos em situações de perigo[174].

---

[170] No Brasil são especiais as jurisdições federal, trabalhista, militar e eleitoral.

[171] Athos Carneiro, Jurisdição e Competência, p.21-24; Borges, obra citada, p. 82-3.

[172] Para os subjetivistas é o fim da Jurisdição a reintegração dos direitos subjetivos ameaçados ou violados, negando a atuação jurisdicional onde não houver direito subjetivo a ser tutelado. Assim Calmon de Passos.

[173] Amaral Santos (*Jurisdição. Enciclopédia do Direito*, p. 76-81), Ovídio (*Curso de Processo Civil*), Athos Carneiro (*Revista AJURIS*, n. 20, p. 24), Prata (obra citada, p. 66).

[174] Arakem de Assis, em aula ministrada na Escola Superior da AJURIS, Porto Alegre, segundo semestre de 1989. Celso Barbi, obra citada, p.16).

A estas funções outros processualistas acrescentam ainda a documentação[175], resultante da necessidade de representação por escrito dos atos processuais[176].

2.5.5. Atos judiciários e atos jurisdicionais

Para uma melhor compreensão da natureza da jurisdição voluntária, e considerando a assertiva de que os poderes estatais não exercem de forma exclusiva as funções que lhes são nominalmente atribuídas pela Teoria Tripartite de Montesquieu, necessária se faz a distinção entre os atos jurisdicionais e os atos judiciários emanados do Poder de mesmo nome, seja atuando tanto na esfera contenciosa quanto na voluntária.

Por conseqüência, temos nesta atividade do Estado a prática de atos de julgamento, de administração e de legislação internas, que por sua vez são divididos em atos jurisdicionais e atos judiciários ou judiciais.

Os primeiros estão relacionados ao poder de julgar propriamente dito (*juris dictio*), que expede um comando jurídico com força de lei, aplicando o Direito Objetivo ao caso concreto, sendo a própria essência do Poder Judiciário.

Pelo critério de exclusão, os segundos compreendem todos os atos praticados pelo Judiciário não abrangidos pelos atos jurisdicionais e referentes, v.g., ao poder disciplinar da magistratura, ao poder de polícia dos atos forenses, à escolha de juízes para os tribunais, à requisição de intervenção federal e inúmeros outros, muitos dos quais previstos pela própria carta constitucional[177].

---

[175] Pontes de Miranda (*Comentários ao Código de Processo Civil*, 1974, v.1, p. 390), Amaral Santos (*Enciclopédia Saraiva de Direito*, v. 47, p. 80), Calmon de Passos (*apud* Araújo, obra citada, p. 7), Zanzucchi (*apud* Fredrico Marques, *Instituições*, p. 298).

[176] Conforme Frederico Marques, *Instituições*, p. 299, para os clássicos a Jurisdição compreendia os elementos da *notio, vocatio, coertitio, judicium* e *executio*.

[177] Prata, obra citada, p. 28-30 e 59.

2.5.6. Funções anômalas

Na zona que Alcalá-Zamora qualifica de *gris*, onde se dá a intersecção entre as atividades dos três poderes do Estado, encontramos o que alguns autores chamam de "funções anômalas", ou desvios de atuação dos seus papéis originários.

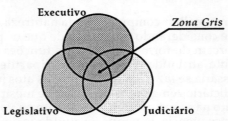

Assim é quando nos referimos ao Legislativo no exercício da jurisdição nos processos de *impeachment*, ou ao Senado no julgamento do Presidente da República, Vice-Presidente, Ministros de Estado, Ministros do Supremo Tribunal Federal, Procurador-Geral da República e o Advogado-Geral da União nos crimes de responsabilidade, após a Câmara de Deputados declarar a "admissibilidade" das acusações apresentadas contra estas autoridades.

Também o Tribunal de Contas exerce função anômala como órgão colegiado e "preposto do Legislativo", e, no dizer de Athos Carneiro[178], encarregado da fiscalização do orçamento e integrado, na esfera federal, por ministros que gozam das garantias e prerrogativas dos seus pares do Supremo Tribunal Federal.

O Tribunal Marítimo, embora vinculado ao Ministério da Marinha, é órgão auxiliar do Poder Judiciário, e suas decisões referem-se às responsabilidades técnicas por acidentes de navegação e constituem, em juízo, unicamente elemento de prova com presunção de certeza[179].

Quanto ao Judiciário, são anômalas as funções de elaboração de regimentos internos dos seus tribunais e, segundo

---

[178] *Jurisdição e Competência*, p. 13.

[179] Athos Carneiro, *Jurisdição e Competência*, p. 15.

Frederico Marques, o exercício pelo juiz da atividade disciplinar quanto ao desempenho dos advogados em comarcas onde não haja representação da Ordem dos Advogados do Brasil, e a remessa ao Procurador-Geral do Estado dos autos do inquérito policial quando o promotor de justiça se haja recusado a oferecer denúncia[180].

2.5.7. Substitutivos da jurisdição

São considerados "substitutivos da jurisdição" aqueles atos que levam também à composição definitiva da lide, embora desprovidos de autoridade judiciária[181].

Carnelutti cita como *equivalentes jurisdicionais* o juízo arbitral e a sentença emanada de tribunal estrangeiro conhecida pelo Estado onde se quer que adquira eficácia e executoriedade[182].

É incorreto considerar a arbitragem como atividade jurisdicional, eis que o árbitro não pode atuar a lei e tampouco torná-la efetiva pela coerção, desprovida de qualquer efeito se não for homologada por autoridade judicial devidamente investida.

Entretanto, vale registrar que esta posição é contestada por certa corrente doutrinária, vez que o árbitro seria a representação do povo na administração da justiça, por analogia igualado à instituição do tribunal do júri[183].

Na Itália, diferentemente das normas constitucionais brasileiras, dispôs a Lei Maior sobre a instituição de seções especializadas em certas matérias e vinculadas a órgãos judiciários ordinários, com a participação de um cidadão estranho à magistratura, assim denominado *il conciliatore.*

Este é um magistrado honorário que exerce um mandato gratuito por três anos, o qual poderá ser revalidado. É um juiz singular, não pertencente à magistratura de carreira. Estes ci-

---

[180] *Apud* Ovídio, *Curso de Direito Processual,* p. 39.

[181] Athos Carneiro, *Jurisdição e Competência,* p. 41.

[182] *Sistema,* v.1, p. 183-208.

[183] Carmona, Carlos Alberto. Arbitragem e Jurisdição. *Revista de Processo,* n. 58, p. 33-40.

dadãos são encarregados temporariamente do exercício de funções judiciárias, habilitados a decidir determinada categoria de controvérsias, dentro de um certo limite de valores[184].

A processualística civil italiana do século XX centrou sua atenção na função conciliatória, cuidando de evidenciar as sutis analogias e diferenças entre a jurisdição contenciosa e a voluntária. Relativamente aos temas estruturais e organizadores da figura do conciliador, permaneceram os mesmos à margem das discussões e preocupações dos estudiosos de processo e da organização judiciária, pelo que o *conciliatore* atravessou grave crise institucional, já superada pelas novas idéias de facilitação do acesso à Justiça, exemplarmente divulgadas por Cappelletti.

Órgãos semelhantes foram também instituídos na Bélgica e na França.

Destarte, visto o instituto da Jurisdição em sua gênese e evolução até a atual distribuição de atribuições definida pela Teoria Tripartite dos poderes-deveres do Estado, passamos então a enfocar diretamente o problema da natureza jurídica da Jurisdição Voluntária.

---

[184] Il Conciliatore. Nicola Picardi. *Rivista di Diritto e Procedura Civile.*

3. A jurisdição voluntária

3.1. PRELIMINARES
ABORDAGEM DA PROBLEMÁTICA

Numa caracterização bastante genérica, temos a jurisdição contenciosa a compor os conflitos de interesses, enquanto a voluntária se ocupa da tutela dos interesses que não estão em litígio, constituindo e modificando relações jurídicas e sendo ambas exercidas por órgãos jurisdicionais com a finalidade de assegurar a paz jurídica.

Todavia, desde o final do século passado divide-se a ciência processual ao procurar identificar qual o campo da atividade estatal a que se vincula a jurisdição voluntária, vez que detentora de um procedimento onde não há lide, ação, partes oponentes, processo contraditório e tampouco coisa julgada, apesar de seu exercício ter sido atribuído ao Poder Judiciário[185].

Mas então qual a real distinção entre a jurisdição contenciosa e a voluntária, se nos dois casos há participação estatal na relação jurídico-privada através do Judiciário?

Seria a jurisdição voluntária pertinente ao Poder Jurisdicional?

E por que não atribuí-la ao Executivo ou à esfera notarial como já foi proposto?

Juristas como o argentino Niceto Alcalá-Zamora y Castillo entenderam que a jurisdição voluntária nem é jurisdição nem

---

[185] Edson Prata caracteriza a jurisdição voluntária pela ausência de lide, a falta de pretensão que no sentido Carneluttiano é a inexistência de pedido de atuação da norma legal, formulado por um sujeito contra o outro, a falta de disputa de um bem jurídico, e a existência de um conflito mediato, porém não imediato (ob. cit., p. 196).

é voluntária, porque não representa atividade de um órgão público para declarar o direito de uma parte em face de outra e porque muitas vezes o interessado é obrigado a obedecer à decisão de autoridade[186].

Santiago Sentís Melendo não intimidou-se ao declarar que: "não constitui nenhuma confissão atrevida nem descarada dizer que eu não sei com clareza o que é jurisdição voluntária. Muitos dos que não o confessam, e até dão uma definição em seus livros, o fazem assim porque não se detiveram para pensar no problema."[187]

Para responder a estas questões foi necessário o preliminar estudo sobre a gênese da Jurisdição e as diferentes teorias que procuraram a melhor forma de conceituar-lhe, bem como a abordagem de algumas noções sobre a tradicional escola de Montesquieu e a crise por que passa essa doutrina frente à evolução do Estado moderno.

A busca da verdadeira natureza da jurisdição voluntária, ora localizada como atividade administrativa, ora jurisdicional, autônoma, ou até mesmo como poder de polícia, é polêmica na doutrina jurídica mundial há quase um século, perdurando até nossos dias como comprova a permanente divergência entre os processualistas ao classificá-la e diferi-la da jurisdição contenciosa e da atividade administrativa, além da contínua divulgação de novas obras e estudos sobre o tema nos meios especializados.

O certo é que, na órbita de cada uma das diferentes posições assumidas sobre a matéria e dos acirrados debates que sempre as envolveram, frutificaram portentosos estudos e grandes avanços científicos, somando à doutrina processual valiosas contribuições através das letras de juristas do renome de Wach, Chiovenda, Carnelutti, Micheli, Allorio, Cappelletti, Jannuzzi, Fazzalari, e tantos outros, como os brasileiros Lopes da Costa, Frederico Marques, Edson Prata ou Arruda Alvim, na forma como exporemos a seguir.

---

[186] Também Mortara.

[187] Moura Rocha. O Notariado e o Processo Civil. *Revista de Processo*, n. 1, p. 65.

3.2. PRIMEIRAS NOTÍCIAS

Como bem afirmou Chiovenda, "os procedimentos romanos são a alma e a vida do processo civil moderno"[188], reflexo de um ordenamento jurídico em sua essência pragmático e utilitarista, cujo objetivo principal era satisfazer as necessidades da vida[189].

Desta forma, os magistrados romanos, investidos de elevadas funções administrativas como os governadores das províncias, enfeixavam em sua autoridade os poderes Judiciário, Executivo e Legislativo, mas numa concepção bem diversa da atual divisão das funções estatais.

Nesta ampla capacidade funcional de julgar, estes magistrados possuíam os fundamentais poderes do *imperium* e da *jurisdicium*, que por sua vez poderia ser voluntária ou contenciosa.

Ante a jurisdição voluntária apresentavam-se espontaneamente os cidadãos para solicitar a intervenção judicial sobre determinado tema, intervenção esta que poderia ser solene ou não, de acordo com a forma ritual a ser cumprida.

Na jurisdição contenciosa, também denominada involuntária e forçada, as partes eram obrigadas a submeter-se à composição judicial em razão do já existente princípio de interdição estatal da prática da justiça privada[190].

Tecnicamente, o Direito Público Romano desconhecia a rigorosa diferenciação entre Executivo e Judiciário.

Com o tempo, passaram a predominar os atos escritos, e os de jurisdição voluntária, antes praticados oralmente frente ao magistrado, transferiram-se à incumbência do escrivão, a quem foi conferido o poder de colher e anotar as declarações das partes interessadas.

Daí a origem da corrente doutrinária que nega a natureza não-jurisdicional da jurisdição voluntária, bem como a da que defende a sua essência notarial[191], face à gradativa transposi-

---

[188] *Princípios*, v.1

[189] Prata, obra citada, p. 11.

[190] Prata, obra. citada, p. 12.

[191] No Brasil Cotrim Neto (*A Função Notarial no Brasil*. Revista AJURIS, Porto Alegre, v. 7, n.18, mar./1980).

ção que se deu desta atividade, da competência dos magistrados romanos para responsabilidade dos titulares dos cartórios.

Afirma Prata[192] que o traço mais característico da jurisdição voluntária, ainda na época romana, era a possibilidade de o magistrado julgar fora de sua área de atividade, como no caso do *praetor peregrinus*, designado para administrar a justiça civil entre os súditos das províncias estrangeiras dominadas por Roma, e entre estes e os cidadãos romanos[193], o que não ocorria nos casos de jurisdição contenciosa.

A mais antiga referência escrita sobre a jurisdição voluntária, embora acredite-se ser mera interpolação (ajustamento), chega-nos através de um texto de Marciano, constante do fragmento 2, título 16, livro I, do Digesto: "Os procônsules, logo que transponham os limites de Roma, têm jurisdição, não contenciosa, mas voluntária, podendo perante eles fazer-se manumissão[194] de homens livres ou de escravos, e adoções".

Pesquisadores romanistas como Solazzi, Di Blasi, Luzzato e Gioffredi concordam ao afirmar que esta distinção entre os dois tipos de jurisdição é pós-clássica, embora alguns entendam ter o Direito Romano incluído na jurisdição os atos de "tutela administrativa" de direitos privados, como os institutos da *in iure cessio*, da *adoptio,* da *emancipatio* e da *manumissio*[195].

Absorvido o texto de Marciano pela doutrina, mais tarde procuraram os Glosadores estabelecer as distinções entre a jurisdição contenciosa e a voluntária, sendo conhecido o comentário de Cujácio pelo qual transferiu-se a copilação Justinianéia para o direito comum da Idade Média.

Na Itália medieval, ensina Chiovenda, denominaram-se de jurisdição voluntária os atos que os órgãos jurisdicionais realizavam frente a um único interessado ou por acordo de vários interessados, *inter volentes*. Mais tarde a expressão passou a designar também os atos judiciais que foram delegados à

---

[192] Obra citada, p. 16 e 86.

[193] *The Civil Process in Italy*. Cappelletti *and* Perillo, p. 4.

[194] Ato ou efeito de manumitir, alforria, libertação. *Dicionário Aurélio Eletrônico* (Nota do Autor)

[195] Frederico Marques, em *Ensaio Sobre Jurisdição Voluntária*, p. 155-160.

competência dos notários, então conhecidos como *judices chartularii*[196].

Esta noção distintiva de atos praticados *inter nolentes* na jurisdição contenciosa, e de atos *inter volentes* no âmbito da voluntária, desenvolvida no Direito Medieval, foi acolhida pela doutrina que se sucedeu, chegando até nossos dias como ponto inicial das diferentes Escolas que procuraram definir a natureza jurídica da jurisdição voluntária.

Inúmeros juristas resistiram à adoção desta expressão pela doutrina processual baseada no texto de Marciano, de duvidosa autenticidade, vez que a jurisdição voluntária não seria nem jurisdição e nem voluntária, interpretação que, entretanto, dependerá sempre da corrente conceitual a qual adote o leitor[197].

Ainda assim fixou-se esta terminologia na doutrina e no Direito Positivo sem que melhor substituição tenha sido encontrada, apesar de, eventualmente, também serem utilizadas as variantes de jurisdição graciosa, honorária ou administrativa.

A interpretação dada ao Digesto pelos Glosadores predominou no direito continental europeu e, por conseqüência, nas ex-colônias latino-americanas, até a renovação doutrinária iniciada na Itália por Chiovenda, na primeira metade deste século, quando então passou-se à verdadeira pesquisa sobre a natureza jurídica da jurisdição voluntária.

3.3. A JURISDIÇÃO CONTENCIOSA E A JURISDIÇÃO VOLUNTÁRIA

A jurisdição civil divide-se em jurisdição contenciosa e jurisdição voluntária. A definição da primeira prende-se aos conceitos de jurisdição propriamente dita, já abordados na pri-

---

[196] "Dos processos simulados perante o juiz passou-se à constituição do instrumento com cláusula de garantia, expedida por notários chamados por isto de *judices chartularii*. Prata, ob. cit., p. 12. Também Bonumá (ob. cit., p. 314).

[197] Não concordam com a expressão, dentre outros, Alcalá-Zamora e Mortara (*apud* Prata, ob. cit., p. 17). Para Lopes da Costa , "Apesar de muitos séculos haverem decorrido após o famoso texto romano do Digesto, a jurisdição voluntária ainda é uma causa à procura de um nome. A lei da inércia vai conservando a expressão atual (...)" (*A Administração Pública e a Ordem Jurídica Privada*).

meira parte desta obra, caracterizando-se, *lato sensu*, pelo pressuposto da existência de controvérsia entre as partes.

É da essência da jurisdição contenciosa um conflito de interesses, um litígio entre um sujeito passivo e outro ativo[198], decorrente de uma pretensão insatisfeita que é, em regra, resistida pelo réu[199], somando também como característico desta atividade a possibilidade do contraditório[200].

Outro traço da jurisdição contenciosa é a sua eficácia de coisa julgada nas decisões de mérito definitivas, que asseguram a paz jurídica através da composição dos conflitos.

Para Prieto-Castro há jurisdição contenciosa quando, mediante o exercício de uma ação, provoca-se a atividade de um órgão jurisdicional para conhecer um negócio que a ele se submete, lastreado no processo civil, estatuindo sobre direitos subjetivos e interesses até a obtenção de uma resolução que traga a decorrente eficácia da coisa julgada. Há oposição entre as partes do processo[201].

Já a jurisdição voluntária, no que tange ao seu conceito próprio e que leva de imediato à sua diferenciação da jurisdição contenciosa e da atividade administrativa do Estado, com a qual possui estreita semelhança, uma infinidade de definições tem sido dada pelos doutrinadores, as quais podemos desta forma genericamente compendiar:

a) aqueles que a classificam como atividade administrativa;

b) aqueles que a consideram atividade jurisdicional;

c) aqueles que a consideram atividade mista entre dois ou mais poderes do Estado;

d) aqueles que a consideram atividade autônoma;

e) aqueles que a consideram atividade notarial;

f) aqueles que utilizam um critério positivo de distinção;

g) aqueles que utilizam um critério negativo de distinção;

h) e aqueles que consideram insolúvel o problema.

---

[198] Amaral Santos. Jurisdição Civil. *Enciclopédia Saraiva do Direito*, v. 47, p. 96.

[199] Mendonça Lima, Alcides de. *apud* Tesheiner, ob. cit., p. 44.

[200] Amaral Santos. *Primeiras Linhas de Direito Processual Civil*, p. 78.

[201] *Derecho Procesal Civil*, p. 88.

Pacíficas entre os estudiosos de quaisquer tendências são apenas as duas características essenciais da jurisdição voluntária: a constituição de atos jurídicos novos e o desenvolvimento de atos jurídicos já existentes[202].

Assim, nesta producente diversidade de entendimentos, temos conceitos como o de Chiovenda, para quem "a jurisdição voluntária é uma forma especial de atividade do Estado, exercitada em parte pelos órgãos judiciários, em parte pelos administrativos, e pertencente à função administrativa, embora distinta da massa dos atos administrativos, por certos caracteres particulares"[203].

Allorio a classifica como atividade administrativa, eis que "las providencias de jurisdicción voluntaria están desprovistas de la eficacia de cosa juzgada(...)"[204].

Diferenciando as duas atividades, afirma Schönke[205] que a jurisdição contenciosa serve para a mantença e fixação da ordem jurídica pela proteção contra a turbação ou ameaça, enquanto a jurisdição voluntária atende a sua constituição pela criação de direitos, mediante colaboração em seu nascimento, desenvolvimento e extinção. Para este processualista, o campo da atividade voluntária, segundo o Direito Positivo, não se determina pelo conteúdo material, mas pelo formal e de maneira puramente negativa. À jurisdição voluntária pertencem todos os negócios de direito civil que necessitam, para sua eficácia jurídica, da colaboração de um órgão judicial do Estado, e os quais, de acordo com os preceitos legais, não serão sentenciados pelos tribunais de jurisdição voluntária.

Finzi de Barbora vê na jurisdição voluntária uma atividade mista, "substancialmente administrativa e formalmente jurisdicional"[206].

---

[202] Prata, ob. cit., p. 87.

[203] *Instituições*, p. 29.

[204] La Jurisdicción Voluntaria. *Problemas de Derecho Procesal*. p. 33.

[205] *Derecho Procesal Civil*, p. 58. Nesta distinção afirmou Schönke que a "jurisdição contenciosa e jurisdição voluntária são partes do mesmo ramo. A delimitação de ambas as esferas é um problema de distribuição de Competência, mas não de admissibilidade da via civil, como tem declarado repetidamente a jurisprudência."

[206] *Apud* Porto, ob. cit.

Fazzalari classifica o procedimento voluntário como um *tertium genus*, eqüidistante e autônomo em relação à Jurisdição e à Administração[207].

E o chileno Urrutia Salas a define como "atividade múltipla em seu campo de ação, já que atua nos três poderes(...)"[208].

Entende Micheli que há "una unidad de concepción de la jurisdicción contenciosa y voluntaria, que postula sin embargo siempre una actividad estatal, ejercitada por el juez, como órgano imparcial e institucionalmente indiferente respecto del efecto jurídico producido por su providencia."[209]

Antonio Visco questiona a existência de uma verdadeira contraposição conceitual entre estas atividades, declarando que, em verdade, não representam duas noções distintas, mas dois aspectos da função do juiz, sendo ambas manifestações da *potestà* unitária e soberana do Estado.

A diferença, para este processualista, está na intervenção do magistrado nos dois campos, que é diversa, assim como o seu efeito. O escopo é substancialmente idêntico, no sentido de dar caráter jurídico a determinadas situações de fato. Na jurisdição contenciosa, de caráter repressivo, pressupõe-se a lesão de um direito e a existência de uma lide, enquanto na jurisdição voluntária o magistrado busca a prevenção da lide[210].

Já para Becerra Bautista[211], na jurisdição contenciosa existe contenda entre as partes (*inter nolentes*), enquanto na voluntária os órgãos jurisdicionais realizam atividades administrativas, sem que exista qualquer litígio entre as partes (*inter volentes*).

Após os primeiros estudos de Carnelutti comparando a jurisdição contenciosa e a voluntária, nos quais concluiu pela natureza jurisdicional desta última, declarando a possibilidade de existência de um processo civil sem lide e com uma única parte, muito se criou, e acirrados debates travaram-se até a pendular tendência da doutrina que atualmente entendemos perfilhar-se com a Escola Jurisdicional.

---

[207] *Apud* Angelo Januzzi. *Manuale della Volontaria Giurisdizione*, p. 1.

[208] *Apud* Prata, ob. cit., p. 88-90.

[209] Jurisdicción Voluntaria: Significado y Límites. *Derecho Procesal Civil*. v. 4 p. 145.

[210] *I Provvedimenti di Giurisdizione Volontaria*, p. 54-59, 1964.

[211] *El Proceso Civil en Mexico*, p. 11.

No Brasil podemos destacar Frederico Marques, que conceitua a jurisdição voluntária como "função estatal de administração pública de direitos de ordem privada, que o Estado exerce, preventivamente, através de órgãos judiciários, com o fito e objetivo de constituir relações jurídicas, ou de modificar e desenvolver relações já existentes"[212].

José Maria Rosa Tesheiner identifica a natureza jurisdicional da atividade voluntária, ao declarar que aí "não se trata de tutelar direitos subjetivos, mas de proteger interesses legítimos. Da inexistência de direitos subjetivos decorre o afrouxamento do princípio da legalidade, admitindo-se que o juiz decida por razões de conveniência e oportunidade, sem que se trate de atividade administrativa, porque pertinente a interesses privados"[213].

No magistério de Sérgio Bermudes "a jurisdição voluntária, a rigor, não é jurisdição, mas mera atribuição que a lei conferiu aos órgãos jurisdicionais, para administrar interesses de relevância social, como poderia ter conferido a quaisquer outros"[214].

E para Arruda Alvim a "jurisdição voluntária é verdadeira anomalia no quadro sistemático das funções estatais."[215]

Para um posicionamento neste fértil cenário de diversidade, impõe-se retrilhar os passos dados pelos mentores das distintas Escolas que contribuíram para a construção da moderna teoria da jurisdição voluntária.

3.4. CONSTRUÇÃO CONCEITUAL

As idéias clássicas da dicotomia entre jurisdição contenciosa e jurisdição voluntária absorvidas do Direito Romano e desenvolvidas pelos juristas medievais - ou pós-clássicas como querem aqueles que acreditam na adaptação da famosa passagem de Marciano[216], vigoraram até meados do nosso sé-

---

[212] *Ensaio Sobre a Jurisdição Voluntária*, p. 70.

[213] *Jurisdição Voluntária*, p. 52.

[214] *Apud* Prata, ob. cit., p. 87.

[215] *Apud* Porto, ob. cit.

[216] Dentre outros, Siro Solazzi, Ferdinando Di Blasi, Alcalá-Zamora y Castillo.

culo, quando a partir da *fiorente nuova scuola* de Mortara, autor da grande sistematização dos princípios jurisdicionais, foi ressuscitado o tema da atividade voluntária.

As novas e contagiantes discussões rapidamente alastraram-se pelos ordenamentos jurídicos tributários da influência continental européia, em especial do Direito Processual Italiano, chegando através dos doutrinadores ibéricos aos países latino-americanos onde ainda imperava o sistema processual romano-canônico[217].

De acordo com o critério utilizado, *lato sensu* podemos separar os pesquisadores da matéria em dois blocos principais e antagônicos:

1º) os administrativistas opondo-se aos jurisdicionalistas, a invocar-se como parâmetro o critério ontológico, ou da natureza funcional da jurisdição voluntária;

2º) os que afirmam o caráter preventivo da função, contrários aos que a entendem de natureza constitutiva, se nos valermos do critério teleológico, ou da finalidade da atividade voluntária.

Os autores clássicos simplesmente difenciavam os tipos de jurisdição através dos seus aspectos externos, formais.

Não menos importantes face à profundidade dos estudos realizados e a notoriedade dos seus mentores, dentre outras, temos ainda as correntes mista ou eclética, e a autônoma, como conceituadoras da jurisdição voluntária.

É certo que todos os pesquisadores, sem exceção, encontraram dificuldades em conceituar a atividade voluntária, optando em seus trabalhos pela técnica mais lógica de diferenciá-la primeiro da jurisdição contenciosa e depois da função administrativa do Estado, como a seguir abordaremos.

3.4.1. A Concepção Administrativista

Dentre as correntes que procuram solucionar o problema da natureza jurídica da jurisdição voluntária, temos uma forte e influente teoria a vincular tais atos como mera "administração pública de direitos ou interesses privados".

---

[217] Frederico Marques, *Ensaio*, p. 163.

Como argumentos principais desta concepção, arrolamos a discricionariedade própria dos atos administrativos, caracterizada na jurisdição voluntária quando dos atos de provimento judicial baseado em critérios de conveniência e oportunidade do magistrado; o interesse do Estado em tutelar direitos subjetivos, quando na verdadeira jurisdição a tutela desses direitos é conseqüência da atuação do direito objetivo; a negativa do caráter substitutivo e secundário da jurisdição voluntária, bem com a existência de litígio; a finalidade constitutiva de novos estados jurídicos ou o desenvolvimento de situações preexistentes pela jurisdição voluntária, em contraposição à jurisdição contenciosa que visa à atuação de situações existentes; a impropriedade de aplicação do característico princípio dispositivo da jurisdição contenciosa à jurisdição voluntária, onde prevalecem os poderes inquisitivos do julgador; a ausência de coisa julgada e a identidade dos atos de jurisdição voluntária com atividades semelhantes e pertinentes à Administração Pública[218].

Apesar deste conjunto de caraterísticas, afirmam os administrativistas que por mera tradição, opção legislativa e conveniência organizacional estaria jurisdição voluntária atribuída às funções do Poder Judiciário.

3.4.1.1. A Doutrina de Wach/Chiovenda

Buscando caracterizar os atos de jurisdição voluntária, Wach distinguiu-a da jurisdição contenciosa através do critério teleológico, ou seja, identificando a sua finalidade imanente, que seria tutelar a ordem jurídica mediante a constituição, desenvolvimento e modificação das relações ou estados jurídicos, com caráter geral ou *erga omnes*. Este escopo constitutivo de estados jurídicos novos e o desenvolvimento dos já existentes é a essência das idéias de Wach sobre a atividade voluntária[219, 220].

---

[218] Rego, Hermenegildo. *Revista de Processo*, n. 42, p. 116.

[219] Conforme Chiovenda (*Instituições*, p. 19), Frederico Marques (*Ensaio*, p. 165), Marcos A. Borges (*Jurisdição Voluntária. AJURIS*, n.18, p. 81-2).

[220] Prieto-Castro adota integralmente o critério finalístico de Wach, considerando impossível definir a jurisdição voluntária de outra forma que não a desenvolvida pelo jurista alemão (*Derecho Procesal Civil*, p. 102).

Wach também agrupou os atos de jurisdição voluntária mais importantes em cinco categorias de acordo com os tipos de intervenção estatal, as quais foram quase que unanimemente acolhidas pela doutrina processual[221], [222]:

1ª) Intervenção do Estado na formação de sujeitos jurídicos, pela qual reconhece a constituição de pessoas jurídicas;

2ª) Intervenção na integração da capacidade jurídica, que disciplina de forma geral a tutela (nomeação, vigilância, revogação do tutor; constituição de conselhos de família; autorizações; homologações); tutela ou ingerência nos atos de corpos morais ou entidades coletivas (comunas, obras pias, sociedades);

3ª) Intervenção na formação no estado das pessoas, quer concorrendo para formá-lo, quer documentando-o, com exceção dos casos de separação litigiosa dos cônjuges, quando então pertencerá à seara da jurisdição contenciosa;

4ª) Participação no comércio jurídico, como legalizações; tomada dos registros de hipoteca, do cadastro, das patentes; homologações de concordata; recebimento das promessas de casamento; do ato de adoção; das renúncias à herança; das aceitações com benefício de inventário; formação de inventários; autenticação de registros comerciais; concessão de patentes, etc.;

5ª) A conciliação, que na Itália o Estado exerce para prevenir as lides, através do específico instituto do conciliador[223].

A partir deste raciocínio, Chiovenda acrescentou que os atos de jurisdição voluntária seriam de "simples administração" e especialmente exercitados, parte por órgãos judiciários, parte por órgãos administrativos, vinculando-se esta atividade à função administrativa do Estado.

---

[221] No Brasil: Pontes de Miranda, em *Comentários ao Código de Processo Civil*, 1974, V.1, p. 390: "A jurisdição voluntária é a em que o fim do Estado consiste em proteger e assegurar os direitos dos particulares, ou pela documentação, ou pelo registro, ou pela inspecção, ou pelo cuidado empregado na boa conclusão dos negócios jurídicos, na formação, forma, exercício e liquidação, ou na transformação de certas relações jurídicas."; Amaral Santos (*Primeiras Linhas de Direito Processual Civil*, p. 80).

[222] Chiovenda, *Instituições*, p. 22-25.

[223] Sobre o assunto: Picardi, Nicola. Il Conciliatore. *Rivista Trimestrale di Diritto e Procedura Civile*, Milano: v.38, n.4, p. 1.067.

Inovou este jurista ao declarar que, além de constitutiva, a jurisdição voluntária difere da contenciosa por não conter partes, como assim registrou quando da publicação de suas Instituições:

"Substancialmente exato se me afigura, ao contrário, o conceito de quem (Wach) surpreende o caráter diferencial da jurisdição voluntária em seu escopo constitutivo: os atos de jurisdição voluntária tendem sempre à constituição de estados jurídicos novos, ou cooperam no desenvolvimento de relações existentes. Ao inverso, a jurisdição propriamente dita visa à atuação de relações existentes. Sabemos que a jurisdição supõe um juízo sobre uma vontade de lei concernente às partes, e a substituição da atividade das partes pela do órgão público, seja no afirmar a existência daquela vontade, seja no fazer quanto fôr necessário a que se consiga o bem garantido pela lei. A jurisdição civil supõe, por conseguinte, numa das partes, a expectativa de um bem em face de outra; seja êsse bem uma prestação, seja um efeito jurídico, seja mera declaração, seja um ato conservativo ou um ato executivo. Não há tal na jurisdição voluntária: aqui não há duas partes; não há um bem garantido contra outros, uma norma de lei por atuar contra um outro, mas um estado jurídico, impossível, sem a intervenção do Estado, de nascer ou de desenvolver-se ou só possível de se desenvolver imperfeitamente." (grafia original)[224]

3.4.1.1.1. Apreciação crítica. Embora pioneira na concepção administrativista da natureza da jurisdição voluntária, a doutrina de Wach/Chiovenda pecou ao igualar esta atividade à administração pública de interesses privados praticada por órgãos não-judiciários e ao vincular a jurisdição contenciosa à existência de duas partes oponentes no processo.

Afirma Cristofolini que apenas seria exata a teoria de Chiovenda, se a exigida preexistência de *partes* no sentido material equivalesse a *sujeitos* da lide, e não da ação, vez que somente após identificado se um processo é contencioso ou voluntário é que se pode afirmar a existência de duas partes.

---

[224] *Instituições de Direito Processual Civil*, v. 2, p. 19.

3.4.1.2. A Doutrina de Allorio

Inspirando-se na escola vienense de Kelsen sobre a distinção das atividades do Estado, segundo a qual a diferença entre estas não se opera segundo a finalidade perseguida, mas quanto às formas adotadas e a conseqüente eficácia das providências tomadas[225], e após ter identificado na coisa julgada o elemento fundamental da atividade jurisdicional, inseparável do efeito declarativo, foi esta mesma característica que Allorio invocou como *vis attractiva* da jurisdição contenciosa e diferencial da jurisdição voluntária.

No seu conhecido trabalho *Saggio Polemico sulla Giurisdizione Volontaria*[226], publicado pela primeira vez na *Rivista Trimestrale di Diritto e Procedura Civile*, em 1948, respondendo à críticas de suas idéias formuladas por Carnelutti quanto à parcialidade ou não da sentença no processo divisório[227], Allorio afirmou a índole administrativa da jurisdição voluntária face à ausência da eficácia da coisa julgada material nas suas declarações, traço inerente à natureza da verdadeira jurisdição.

Carnelutti atribuiu o processo divisório à jurisdição voluntária porque nele, uma vez resolvidos (ou não surgidos)

---

[225] *Problemas*, v. 2, p. 12.

[226] Ensayo Polémico sobre la "Jurisdicción Volontaria". *Problemas de Derecho Procesal*. v.2, p. 26-33. Neste artigo, que serviu de início para uma acirrada e longa disputa doutrinária com Micheli em relação à verdadeira natureza da jurisdição voluntária, Allorio faz a réplica às meditações Carneluttianas sobre a matéria (*Meditazione sul Processo Divisorio*. Rivista di Diritto e Procedura Civile, II, p. 23, 1946), bem como aos trabalhos de Micheli (*Per Una Revisione della Nozione di Giurisdizzione Volontaria*. Rivista, I, p. 18, 1947), Satta (*Sulla Natura Giuridica del Processo di Divisione*. Foro, I, col. 365, 1947) e Liebman (*Revocabilita dei Provvedimenti di Giurisdizione Volontaria Pronunciati in Camera di Consiglio*. Foro, I, col. 327, 1948).

[227] Allorio afirmou no artigo Giudizio Divisorio e Sentenza Parziale con Pluralitá di Parti (publicado em *Giurisprudenza Italiana*, 1946, I, 1, col. 79 e seguintes; *Problemi*, I, p. 475 e seguintes) que a parcialidade da sentença no processo divisório depende do caráter a que se atribua ao mesmo, ou seja, a sentença será parcial se o juízo de divisão é concebido como um juízo contencioso constitutivo do princípio ao final; será definitiva se o debate sobre o direito a dividir, por ela resolvido, se considera como um incidente contencioso inserido no procedimento voluntário (Carnelutti, *Rivista*, 1946, II, p. 25), ou como um procedimento de mera execução do poder de dividir (Satta, *Foro Italiano*, 1947, I, col. 358). Assim em *Problemas de Derecho Procesal*, v.2, p. 4-5.

atritos quanto ao direito a ser dividido, o juiz não decidiria um conflito, mas escolheria uma entre as várias fórmulas possíveis segundo as quais pode ser administrado o interesse concorrente de todos os participantes no reparto do patrimônio comum[228].

A questão da natureza jurídica do juízo divisório serviu como convite à pesquisa dos princípios de jurisdição voluntária por Allorio, que concluiu não ser o processo constitutivo uma simples execução da transformação jurídica que busca, mas sim um processo de declaração de certeza do direito a esta transformação, que somente após declarada certa é que é executada. Daí o conteúdo declaratório também do juízo divisório que, antes de atuar, afirma a certeza do direito de dividir[229].

Para Allorio, o verdadeiro mérito de Carnelutti estava mais na sua agudeza intuitiva e na robustez sistemática de suas exposições do que propriamente no fundamento de suas idéias de pertinência do processo divisório ao campo da jurisdição voluntária, bem como em seus estudos sobre a teoria geral do Direito[230].

Seus ataques dirigiram-se especialmente à distinção finalística deste autor quanto ao processo contencioso e o processo voluntário, e que aceitava como axioma a possibilidade de rigorosa divisão científica entre as atividades do Estado segundo os fins respectivamente perseguidos.

Ainda fortemente influenciado pela construção anti-finalística do Direito de Kelsen, afirmou Allorio que: "si bien la diversidad de los fines ha sido demonstrada insuficiente para distinguir entre jurisdicción y administración, con mayor razón resultará ella inadequada para distinguir la jurisdicción contenciosa de la jurisdicción voluntaria."[231]

E mais:

"Para mí, el efecto declarativo (o sea, la cosa juzgada) es el signo inequívoco de la jurisdicción verdadera y propia, y es incompatible con la llamada jurisdicción voluntaria, que debe relegarse entre las actividades administrativas."[232]

---

[228] *Problemas*, v.2, p. 12.

[229] *Problemas*, v.2, p. 6-7.

[230] *Problemas de Derecho Procesal*, p. 5.

[231] *Problemas*, v.2, p. 13.

Classificou este processualista o processo de execução como *actividad jurisdiccional sólo... por conexión*, porque dependente do anterior processo de declaração de certeza do qual seria mero prolongamento.

Também criticou tese de Salvatore Satta que apresentava o processo divisório como uma mera execução do direito de dividir, bem como as idéias jurisdicionalistas de Micheli e de Marini, juntamente com o conceito de *terzietà*[233].

A este artigo seguiram-se novas contestações de Allorio às posições jurisdicionalistas e que foram reunidas em outro ensaio, denominado "Jurisdição e Coisa Julgada", abordando uma a uma as idéias de doutrinadores como Alcalá-Zamora[234] Urrutia Salas[235], Gimeno Gamarra e Micheli[236].

3.4.1.2.1. Apreciação crítica. Apesar de administrativista, Piero Pajardi[237] critica a definição de jurisdição voluntária como *administração pública de interesses privados*, pois extremamente equívoca apesar de sugestiva, eis que faz duvidar que o juiz da atividade voluntária tenha em mira um interesse público - *che invece se mai è puramente mediato*, como para a jurisdição contenciosa, na qual se realiza, através da tutela do direito subjetivo, o ordenamento jurídico, isto é, o Direito Objetivo.

Por sua vez Jannuzzi salienta a omissão de Allorio ao não abordar os procedimentos cautelares e de execução.

E em acurado estudo da teoria de Allorio denominado *Jurisdicción Voluntaria - Perspectivas Críticas*[238], Micheli o critica por basear-se na limitada doutrina de Kelsen, negando as diferenças entre as funções estatais da Administração e da Jurisdição quando apreciadas sob a ótica das finalidades que lhe são atribuídas.

---

[232] Problemas, v. 2, p. 15.

[233] Obra citada, p. 5-13.

[234] *Apud* Prata, obra citada, p. 136.

[235] *Apud* Prata, obra citada, p. 88-90.

[236] Jurisdicción y Cosa Juzgada: Observaciones Críticas Acerca de la "Jurisdicción" Voluntaria. *Problemas de Derecho Procesal*. v.2, p. 72-127.

[237] *La Giurisdicione Volontaria*, p. 17.

[238] *Estudios de Derecho Procesal Civil*, p. 90-100.

Também ressalta a fragilidade de uma tese que não se preocupa em contraditar uma a uma as demais teorias que procuraram estabelecer os critérios diferenciais destas duas funções estatais, apenas baseando-se na inexistência de coisa julgada. Afirma que esta é uma petição de princípio a qual chegou Allorio negando, quanto aos seus efeitos, diferenças entre o ato jurisdicional e o administrativo, bem como olvidando-se de classificar o processo cautelar ou o processo de interdição, baseado todo em um arquétipo contencioso e cuja sentença tem eficácia de coisa julgada no Direito Processual Italiano, embora procedimento de jurisdição voluntária.

3.4.1.3. Outros seguidores

Considerado o fundador da moderna escola processual italiana, por discípulos de Chiovenda proclamaram-se a quase totalidade dos processualistas italianos, dentre os quais Zanzucchi, Candiam, Redenti, Segni, Coniglio, Jaeger, James Goldschmidt e Liebman.

Desta forma, para Piero Calamandrei, a jurisdição voluntária não passava de administração pública de interesses privados, como assim registrou em suas Istituzioni:

"In sostanza dunque la contrapposizióne tra giurisdizione volontaria e giurisdizione contenziosa ha questo significato: che sola giurisdizione cosidetta contenziosa è giurisdizione, mentre la giurisdizione cosidetta volontaria non è giurisdizione, ma è amministrazione esercitata da organi giudiziari.

"Per il suo contenuto la giurisdizione volontaria rientra in quel più vasto ramo della funzione amministrativa che si suol chiamara amministrazione pubblica del diritto privato (...)."[239]

Também Liebman partilhou deste entendimento ao firmar no seu *Manuale*:

"Dalla giurisdizione vera e propria deve distinguersi la giurisdizione volontaria, complesso di attribuzioni accessorie degli organi giurisdizionali ordinari, che non rientrano nella

---

[239] *Istituzioni di Diritto Processuale Civile - Secondo il Nuovo Codice*, 1943, p. 74.

loro funzione tipica ed appartengono piuttosto alla funzione amministrativa, di cui costituiscono um ramo particulare."[240]

Registra Pajardi[241] que o legislador (italiano) somente atribuiu a jurisdição voluntária à atividade jurisdicional porque a considerou avalizada por toda a bagagem positiva de imparcialidade, independência e, particularmente, pelo seu ordenamento. Não fosse isto, a jurisdição voluntária poderia, por si, ser atribuída à atividade administrativa.

Adotando o critério de uma definição residual formal, Pajardi a conceitua como "aquela atividade substancialmente administrativa mas formalmente jurisdicional, porque regulada com procedimentos especiais, mas fornidos de elementos tipicamente jurisdicionais, atribuída ao juiz ordinário, porém fora da sua atividade de jurisdição contenciosa." [242]

Também Zanzucchi[243] afirma que na zona limítrofe entre a função jurisdicional e a função legislativa está a atividade que o juiz excepcionalmente exercita como legislador; enquanto na zona limítrofe entre a função jurisdicional e a função administrativa, que o juiz pode exercitar nos casos legais, está a jurisdição voluntária, conceituada como aquela em que há somente um interessado, exercida *inter volentes* ou *inter consentientes*, enquanto a verdadeira e própria jurisdição, a contenciosa, é exercida *inter invitos* ou *inter nolentes*.

Na mesma esteira, Angelo Jannuzzi conclui que não se pode falar de jurisdição quando falta conflito de interesses relativamente a um direito, estando, portanto, a jurisdição voluntária contida na administração[244].

---

[240] *Manuale di Diritto Processuale Civile*, 1957, p. 14-5.

[241] *La Giurisdizione Volontaria*, p. 9-19.

[242] Nestes escritos Pajardi apresenta interessante resenha da doutrina para estudo da jurisdição voluntária e seus problemas, indicando variadas obras para consulta e citando, dentre outros, Scaglioni, Andrioli, De Stefano, Finzi de Barbora, Ancel e Carnacini, com pequena remissão aos entendimentos de cada um.

[243] Zanzucchi, Marco Tullio. Giurisdizione (Civile) Contenziosa e Giurisdizione Volontaria. *Diritto Processuale Civile*. t.I. Milano: A.Giuffrè, 1964. p. 44-9.

[244] *Manuale della Volontaria Giurisdizione*, p. 8-13.

Zanobini a descreve como "administração pública do direito privado" ou "tutela administrativa de direitos privados."[245]

Enrico Redenti, em breves noções sobre a jurisdição voluntária, assume seu pendor pela escola administrativista como solução para a questão da natureza jurídica desta controvertida atividade[246].

Esta opinião é partilhada pelo jurista argentino Alcalá-Zamora y Castillo ao ensinar que "la jurisdicción voluntaria no es verdaderamente jurisdicción, porque en la variadíssima lista de cometidos que la integran, es dificil encontrar uno solo que satisfaga finalidades jurisdiccionales en sentido estricto"[247].

Prieto-Castro informa ser na Espanha a *Leye de Enjuiciamento Civil* a única fonte de normas de jurisdição voluntária, e que em seu Livro III descreve atos desta atividade como "todos aqueles em que seja necessária ou se solicite a intervenção do juiz sem estar empenhada nem promover-se questão alguma entre partes conhecidas e determinadas". O autor reconhece que há negócios de jurisdição voluntária contenciosos e não-contenciosos, não sendo exata a definição legal. Adota a classificação de Wach e considera impossível outra forma de descrição da atividade voluntária[248].

Também em Espanha, Gimeno Gamarra rechaça a concepção de jurisdição voluntária como atos caracterizados pela eficácia constitutiva, assim como a doutrina que define como fim da jurisdição voluntária a prevenção. É contra a definição de coisa julgada como diferença entre jurisdição voluntária e jurisdição contenciosa, face aos *juicios sumarios* e medidas cautelares[249].

---

[245] Sull'Amministrazione Pubblica del Diritto Privato, *apud* Barbi, *Comentários ao Código de Processo Civil*, v.I, p. 18.

[246] Nociones y Reglas Generales Sobre los Procedimientos y Providencias de Jurisdicción Voluntaria. *Derecho Procesal Civil*. Buenos Aires, 1957. Tomo III, Capítulo Primero, p. 4.

[247] *Apud* Allorio, *Problemas de Derecho Procesal*, Tomo III, p. 72.

[248] *Derecho Procesal Civil*, 1964, p. 100.

[249] *Apud* Allorio, *Problemas de Derecho Procesal*, 1963, Tomo II, p. 82.

Aderindo ainda ao conceito lato de jurisdição voluntária como administração pública de interesses privados, temos então Wach (Alemanha), Calamandrei, Liebman, Sergio Costa, Coniglio, Messina, Allorio, Pavanini, Betti, Filippo Verde[250] (Itália). Fora da Itália: Japiot, Morel, Brulliard e Duguit (França); Prieto-Castro e Guasp[251] na Espanha; José Alberto dos Reis em Portugal[252]; Alsina e Lascano na Argentina; Couture[253] no Uruguai.

3.4.1.3.1. Apreciação crítica. Questionando a Doutrina Administrativista, registra-se interessante construção do processualista chileno Urrutia Salas, da Universidade do Chile, que representa seu pensamento na figura de uma pirâmide, onde os três lados simbolizam os poderes tripartidos do Estado, assentados sobre uma base, identificando a sociedade. Os três lados-poderes, inseparavelmente unidos entre si, formam um corpo harmonioso chamado Nação. Nesta figura a jurisdição voluntária é uma atividade múltipla no seu campo de ação e nos seus propósitos, sem natureza específica e esparramando-se pelas três superfícies, amoldando-se às características próprias do "lado-poder" em que atua.

Este doutrinador critica o conceito de Calamandrei da jurisdição voluntária como administração pública de interesses privados e confessa a dificuldade de sistematização da matéria, que não deveria ser regulada pelo Direito Processual, que trata do exercício da ação judicial, manifestada no processo e envolvendo partes[254].

Esta inovadora concepção é imediatamente respondida por Allorio[255] ao afirmar que tal construção da jurisdição voluntária toma uma amplitude tão desusada que perde toda a

---

[250] *La Volontaria Giurisdizione*, p. 10.

[251] Guasp, Jayme. *Derecho Procesal Civil*. Madrid: Instituto de Estudios Políticos, 1977, t.1., p. 106.

[252] "A jurisdição voluntária implica o exercício de atividade substancialmente administrativa , a jurisdição contenciosa implica no exercício de atividade verdadeiramente jurisdicional." *Apud* Lauria Tucci, *Revista de Processo*, n. 52, p. 13.

[253] *Fundamentos do Direito Processual Civil*.

[254] Conforme Prata. *Jurisdição Voluntária*, p. 89-90.

[255] *Problemas de Derecho Procesal*. Jurisdicción y Cosa Juzgada, p. 78-9.

real precisão de limites, pois haveria manifestações de jurisdição voluntária tanto no campo judicial, com os atos contenciosos do magistrado, como na órbita da atividade administrativa com as providências que têm por objeto o reconhecimento da personalidade jurídica aos entes que a requerem, e no âmbito legislativo, quando da concessão da cidadania por via graciosa, através de um ato legislativo em sentido formal.

Aduz Micheli, contra-arrazoando tanto Allorio quanto Liebman, que ambos partem de premissas antitéticas (que contêm antíteses) para chegarem igualmente à negação da disciplina positiva: o primeiro enquanto formula sua doutrina apoiada sobre uma premissa contrária ao Direito Constitucional Italiano, além do Direito Processual; o segundo enquanto tenta corrigir a norma positiva. E afirma:

"Dichas tesis, como quiera que sea afrontan directamente la questión, relativa a la naturaleza jurídica de la jurisdicción voluntaria, tomando como material de construcción, querría decir, las normas positivas." [256]

Ainda atacando pormenores doutrinários das idéias de Satta e Minoli[257], o professor da Universidade de Roma reafirma seu apoio às idéias Carneluttianas, negando a definição de jurisdição voluntária como "administração pública de interesses privados".

3.4.1.4. A Doutrina Administrativista no Brasil

No Brasil, nomeando apenas alguns de seus representantes, temos pioneiramente adepto da teoria administrativista Paula Baptista já em 1855[258], inexistindo registros de Joaquim Ignácio Ramalho (1869) ou Conselheiro Ribas (1879) sobre a matéria[259].

---

[256] *Estudios de Derecho Procesal*, p. 103.

[257] Satta, *Diritto Processuale*; Minoli, *Considerazioni sul Processo di Liberazione degli Immobili dalle Ipoteche*. Rivista, 1943.

[258] Conforme Hermenegildo Rego, em 1855 Paula Baptista lembrava nota de Loyseau afirmando que na jurisdição voluntária *identur esse magis imperii quam jurisdictionis*. Ramalho e Ribas não se manifestaram sobre a matéria. *Revista de Processo*, n. 42, p. 115.

[259] Rego, Hermenegildo. *Revista de Processo*, n. 42, p. 115.

Em 1905 publica João Monteiro passagem acerca da "impropriedade" da pertinência da jurisdição voluntária ao Poder Judiciário[260].

Mais tarde, sob forte influência da Escola Processual Paulista fundada por Liebman, seguem-se Alfredo Buzaid[261], Carvalho Santos[262], Mendonça Lima, Arruda Alvim[263], Dinamarco-Grinover-Cintra[264] e, com reservas, Frederico Marques[265].

Abordando o tema em profunda dissertação denominada *Ensaio Sobre a Jurisdição Voluntária*, com a qual conquistou a cátedra de Processo Civil na Pontifícia Universidade Católica de São Paulo, Frederico Marques classificou a jurisdição voluntária como função secundária do Poder Judiciário, caracterizando-a como função material e formalmente administrativa e, organicamente judiciária[266]. Entendeu ser a jurisdição voluntária uma das espécies da tutela administrativa, caracterizada *ratione auctoritatis*, isto é, por estar atribuída a órgãos do Poder Judiciário.

E assim se alicerça quando nos fala dos fenômenos da *judicialização* e da *processualização* pelo Estado de certas operações administrativas, *in verbis*:

"Por outro lado, pode o Estado "judicializar" certas operações administrativas em que os conflitos entre seus interesses e o do indivíduo são solucionados através do exercício dos poderes de autodefesa implícitos no seu *imperium*, evitando uma reduplicação de atividades. É o que se denomima *privilège du préable*, pelo que não é obrigado a submeter a controle prévio

---

[260] Ibidem.

[261] Na *Exposição de Motivos do Código de Processo Civil Brasileiro*, Alfredo Buzaid refere-se à jurisdição voluntária como atividade administrativa, afeta ao Judiciário *"apenas por larga tradição histórica"*, pois estaria a administrar os interesses privados. *Apud* Porto, Sérgio Gilberto. Jurisdição Voluntária: Atividade Administrativa ou Jurisdicional?. *Revista Estudos Jurídicos* , p. 107.

[262] *Repertório Enciclopédico do Direito Brasileiro*. p. 271.

[263] *Código de Processo Civil Comentado*. v.1, p. 172.

[264] *Teoria Geral do Processo*.

[265] Somados os conceitos complementares de Carnelutti, acrescentando a eficácia constitutiva e a natureza preventiva aos atos de jurisdição voluntária (*Ensaio*, v.1, p. 171-2).

[266] *Ensaio Sobre a Jurisdição Voluntária*, p. 35-6.

do Judiciário, as exigências contra os particulares que se revistam da forma e caráter de pretensão.

....

"Análogo ao fenômeno da 'judicialização', é o que ocorre com a 'processualização'. No dizer de alguns, o Estado cria, em determinadas hipóteses, um 'contencioso fictício', para resolver constitutivamente uma situação jurídica, sempre que necessário alterá-la ou suprimi-la. Quando isto acontece, a função que o Estado poderia exercer no campo administrativo é 'judicializada' e também 'jurisdicionalizada'. Estamos assim em terreno bastante próximo da jurisdição voluntária, tanto que alguns autores não vêem diferença substancial entre esse 'contencioso fictício' e a tutela administrativa que o Judiciário realiza pela *jurisdictio voluntaria*.[267]

Neste interessante raciocínio, Frederico Marques estabelece como denominador comum entre o fenômeno da judicialização e a jurisdição voluntária o fato de que o Estado entrega ao Judiciário tarefas que poderiam ser exercidas por órgãos administrativos, surgindo então as divergências quanto à natureza do objeto da atividade estatal.

Na "judicialização" o Estado se despiria da autodefesa para submeter-se a um controle judicial prévio pelo Judiciário, resolvendo a situação contenciosa sem uma apreciação administrativa anterior, mas através de um processo aplicando à lide a norma de direito cabível, caracterizando a jurisdição contenciosa.

Na "judicialização" da administração pública de direitos individuais - ou jurisdição voluntária, a atividade judicial não incidiria sobre a pretensão ou o litígio, mas sim sobre um negócio jurídico que só se completa com o pronunciamento do juízo, inexistindo exercício da função jurisdicional.

A tutela estatal se dá neste caso com o intuito de manter o *status quo*, mesmo contrariamente à vontade dos particulares, o que obriga a interferência do Judiciário, vez que a intervenção do Estado na concretização dos negócios jurídicos é diretamente proporcional à importância que o mesmo atribui a tais negócios[268].

---

[267] *Ensaio Sobre a Jurisdição Voluntária*, p. 126-130.

[268] Rego, Hermenegildo. *Revista de Processo*, n. 42, p. 114.

E acrescenta Frederico Marques: "a jurisdição voluntária é função não enquadrável na atividade propriamente jurisdicional porque o Judiciário, quando a exerce, não o faz em razão de um litígio ou situação contenciosa. Por isso mesmo a "jurisdição voluntária" se inclui tão-somente entre os atos judiciários em sentido estrito."[269]

Adotando este raciocínio, confirma Celso Barbi que "somente serão atos de jurisdição voluntária os atos de administração pública de interesses privados praticados pelo Poder Judiciário", porque este "imprime forma e eficácia diferentes" dos praticados pela Administração, dada a independência e garantias que oferece este Poder[270].

Moacyr Amaral Santos[271] declara que a jurisdição voluntária é a administração de interesses privados de especial gravidade e delicadeza, atribuída ao Judiciário face às suas características únicas de conhecimento jurídico, idoneidade e independência que goza. Não há composição de conflitos, mas tutela de interesses privados por órgãos jurisdicionais. Conclui o autor que a "jurisdição voluntária não é propriamente jurisdição, que pressupõe um conflito de interesses a ser composto pelo órgão judiciário, substituindo as atividades das partes em conflito (...). Sua finalidade é tutelar a paz jurídica, não que esteja ameaçada ou violada, mas porque o interesse a

---

[269] *Ensaio*, p.129. E finaliza este processualista: "Na jurisdição voluntária não há 'ação' e tampouco 'pretensão'. O que determina a atividade judicial é um pedido tendente à complementação de uma atividade privada, em que o Estado, no exercício de atividade administrativa, venha participar, dando causa à produção de efeitos jurídicos. Como dessa intervenção judiciária é que resulta a formação ou desenvolvimento entre particulares, provoca a jurisdição voluntária a formação de um ato jurídico complexo, visto que, em concurso com a vontade privada, surge a do Estado, resultando dessa fusão ou integração a eficácia do ato jurídico, ou o nascimento de uma relação jurídica.
Essa atividade constitutiva não se identifica porém com os atos jurisdicionais também constitutivos, porque nestes se pressupõe uma situação contenciosa ou lide, de forma que o pedido objetivado na ação resulta de uma pretensão.
Por ser atividade administrativa, a jurisdição voluntária tem o caráter de função anômala em sentido estrito, segundo terminologia de Codacci Pisanelli, ou de atividade judiciária secundária, de acordo com a técnica que Carbonaro adota."

[270] *Comentários ao Código de Processo Civil*, v.1, p. 18.

[271] *Primeiras Linhas de Direito Processual Civil*. p. 78-80.

tutelar-se é daqueles que merecem especial proteção do Estado."

Alcides de Mendonça Lima igualmente classifica esta atividade como administração exercida pelo juiz quando nos afirma ser essencial um conflito de interesses na jurisdição contenciosa, decorrente de uma pretensão insatisfeita e, em regra, resistida pelo réu. Nela o juiz teria o dever de não omitir-se quanto à norma protetora dos direitos subjetivos correspondentes e, por conseqüência, autor e réu têm o direito à prestação jurisdicional. Na jurisdição voluntária, o escopo seria o atendimento aos interesses/direitos privados, consoante entenda o juiz com discricionariedade, inexistindo obrigação do magistrado de cumprir o preceito de Direito Objetivo, como na jurisdição contenciosa[272].

Lopes da Costa definiu jurisdição voluntária como aquela "que abrange todos os atos de administração pública de interesses privados, qualquer que seja o órgão que os pratique, autoridade administrativa ou autoridade jurisdicional."[273]

Athos Gusmão Carneiro registra que "os atos praticados no exercício da jurisdição voluntária são atos judiciais porque praticados por juízes; mas não são atos jurisdicionais, pois ao praticá-los o juiz não está aplicando o direito com vistas a eliminar um conflito de interesses, mas sim com o propósito de influir em um negócio privado ou em uma situação jurídica. O juiz, no exercício da jurisdição voluntária, pratica atos subjetivamente judiciais, mas substancialmente administrativos."[274]

E do mesmo jurista vale reproduzir sintético e didático quadro comparativo no qual apresenta lado a lado as principais distinções entre as duas atividades[275]:

---

[272] *Apud* Tesheiner, obra citada, p. 44.
[273] *Apud* Celso Barbi.
[274] Jurisdição. Noções Fundamentais, *Revista AJURIS*, n. 20, p. 41.
[275] Idem, p. 42-3.

	Jurisdição Contenciosa	Jurisdição Voluntária
Atividade:	Jurisdicional;	Administrativa;
Causa:	Um conflito de interesses, uma lide;	Um negócio, ato, ou providência jurídica;
Aspectos Subjetivos:	Partes contrapostas (*inter nolentes*);	Interessados (art.1.104)[276] na tutela de um mesmo interesse (*inter volentes*);
Iniciativa:	Por meio de ação que se formula o pedido do autor contra o réu;	Por meio de um simples "requerimento", em que se indica a "providência judicial" postulada. Esta providência não é contra ninguém, mas apenas em favor do requerente;
Maneira de Proceder:	Mediante um "processo", sob o princípio do contraditório;	Embora a citação do Ministério Público e de eventuais interessados, há um simples "procedimento administrativo", facultada eventual "controvérsia" quanto à melhor maneira de administrar o "negócio" em jogo;
Sentença:	Produz "coisa julgada material";	Não produz a "coisa julgada material", podendo ser modificada face circustâncias supervenientes;
Critério de Julgamento:	O da legalidade, com a aplicação do direito objetivo para a eliminação do conflito.	Não é obrigatória a "legalidade estrita", podendo o juiz ater-se a critérios de conveniência e oportunidade (art. 1.109)

Para Manoel Arruda Alvim a jurisdição voluntária é um ato de administração, não produzindo coisa julgada e encerrando autoridade somente enquanto não for objeto de reforma[277].

---

[276] Todos os artigos indicados referem-se ao Código de Processo Civil Brasileiro

[277] *Código de Processo Civil Comentado*, art. 1º, p. 172.

Ainda na doutrina pátria aderem à Escola Administrativista Gabriel de Rezende Filho, João Bonumá, Pedro Batista Martins, Seabra Fagundes, Pontes de Miranda, Machado Guimarães e outros.[278], [279]

3.4.1.4.1. Apreciação crítica.

No Brasil, questionando a Doutrina Administrativista, temos como alguns dos principais opositores Edson Prata, Tesheiner, Marcos Afonso Borges e Ovídio Baptista.

Mesmo Frederico Marques, partidário na doutrina pátria da teoria administrativista, declara que "a simples menção à existência de duas partes, como critério diferenciador dos atos constitutivos contenciosos e da jurisdição voluntária, não é bastante para acentuar com precisão os traços salientes e fundamentais da jurisdição voluntária."[280]

E acrescenta:

"O que se nota de defeituoso na construção de Chiovenda é, em primeiro lugar, a confusão entre jurisdição voluntária e administração pública dos interêsses privados, uma vez que êsse autor entende que também se denominam de jurisdição voluntária os atos de tutela administrativa praticados por órgãos não judiciários. Conforme anteriormente acentuamos, a jurisdição voluntária é uma espécie da administração pública dos interesses privados, que das demais se distingue pelo seu cunho judiciário, visto se encontrar atribuída a órgãos da magistratura."[281]

Já para Edson Prata[282] teria de ser modificado antes o conceito de administração para que como tal pudesse ser classificada a jurisdição voluntária, cuja característica exclusivamente jurisdicional da substituição ainda não pôde ser negada. Finaliza sua crítica citando Frocham:

---

[278] Frederico Marques, *Ensaio sobre Jurisdição Voluntária*, p. 75.

[279] Também Sonia Dall'Igna em tese de mestrado abordando como tema a Jurisdição Voluntária (UFRGS, 1988) chega às seguintes conclusões: a jurisdição voluntária como atividade jurisdicional possui caráter meramente histórico; nela o juiz desempenha um papel judiciário e não jurisdicional; a jurisdição voluntária é anômalo exercício do Poder Administrativo por órgãos judiciários na tutela de interesses particulares. (p. 16)

[280] *Ensaio*, p. 172.

[281] *Ensaio*, p. 169-70.

[282] Obra citada, p. 75-7.

"Ainda na esteira do professor de La Plata, poderíamos indagar, para contestar os administrativistas: se existe jurisdição unicamente no processo contencioso, com sentença possibilitando a formação de coisa julgada, como entenderíamos os atos do juiz, inseparáveis da sentença e nos quais haverá de fundar-se ela para ser válida? E os demais atos do processo, o que seriam?

"Indaga-se também: Se a jurisdição voluntária consiste unicamente na faculdade de aplicar a lei nos casos concretos, que é a decisão no processo de execução e nas medidas cautelares? Aqui estamos dentro do processo contencioso, mas os efeitos das decisões são distintos e portanto a decisão não seria jurisdicional. Esta conclusão - totalmente lógica - não agrada a De Marini que a declara "fora da realidade".

"O mesmo ocorre quando há desistência, quando nem se fala em coisa julgada. O ato homologatório da desistência não seria jurisdicional?" (grafia original)

E descrevemos a oposição de Ovídio às idéias administrativistas, para quem a função constitutiva de atos e negócios jurídicos de que se reveste a jurisdição voluntária não serve para distingüi-la da jurisdição verdadeira. Ressalta o doutrinador, assim com Micheli, a falta de questionamento dos administrativistas da natureza jurisdicional da sentença cautelar ou da sentença declaratória pura, cuja função preventiva de futuros litígios é pacífica na doutrina.

Quanto à dicotomia partes/interessados, num e noutro tipo de jurisdição, contenciosa ou voluntária, tal distinção dependerá do conceito que se der aos sujeitos da relação jurídica em questão.

Para Ovídio não haverão partes em conflito justamente porque é o conflito que define a jurisdição contenciosa, não tendo sido ainda comprovado que só exista jurisdição em presença de confronto de interesses. Isto porque também há na jurisdição voluntária uma forma especial de atuação do Direito Objetivo, realizada pelo órgão público que sobrepaira os interessados como terceiro imparcial e que tem, como o magistrado da jurisdição contenciosa, essa mesma atuação do ordenamento jurídico como objeto final de sua atividade.

3.4.2. A concepção jurisdicionalista

Em frontal oposição à Escola Administrativista e dividindo a doutrina em duas grandes fileiras de forças equivalentes, temos a Escola Jurisdicionalista a defender a natureza jurisdicional do processo voluntário, cativando também grande número de renomados mestres processualistas.

Essencialmente esta corrente fundamenta sua percepção da jurisdição voluntária como parte do Poder Judiciário, segundo Hermenegildo Rego[283], nos raciocínios de que em ambas as modalidades de jurisdição, contenciosa ou não, são características a imparcialidade do órgão de decidir; a garantia de observância do Direito Positivo, a proteção do interesse privado em contraposição à tutela do interesse público pela Administração, e a decorrência de um interesse insatisfeito.

A ausência de lide, afirmam os jurisdicionalistas, apenas diferencia a jurisdição voluntária da contenciosa, vez que é um negócio jurídico que provoca a primeira, assim como a lide suscita a segunda. Tanto a lide como o negócio têm como denominador comum a desobediência, ou pela importância do negócio, grande perigo de desobediência à lei, legitimando a invocação da tutela jurisdicional em ambos os casos. O processo contencioso reprime a lide, e o voluntário a previne.

Tampouco para esta corrente é obstáculo o argumento administrativista da ausência de coisa julgada para afastar a natureza jurisdicional do processo voluntário, pois esta eficácia, segundo Celso Neves, "é fruto da atividade do juiz peculiar ao processo de conhecimento e não pode ocorrer onde essa atividade não se realiza", sendo decorrência genérica da jurisdição, não vinculada unicamente ao processo contencioso[284].

Presentes os alicerces básicos desta concepção, vejamos a doutrina de seus principais colaboradores.

3.4.2.1. Os precursores

Dos pesquisadores que na primeira metade deste século ousaram escrever sobre a natureza jurídica da jurisdição vo-

---

[283] Obra citada, p. 116-7.

[284] Rego, Hermenegildo. *Revista de Processo*, n. 42, p. 117.

luntária, temos em 1949 obra do alemão Otto Mayer[285] declarando a não-limitação da justiça unicamente à atividade jurisdicional, mas sua abrangência também sobre o processo voluntário.

Radicalmente observa Mayer, que se fosse apartada somente a atividade jurisdicional *stricto sensu*, além do processo voluntário, dela ficariam excluídos os atos declaratórios, de execução de sentença, instrução do processo, fixação de prazos, adiamento de audiências e muitos outros que passariam todos à atividade administrativa.

Ora, importante lembrar que a doutrina tedesca não notabilizou-se por seus escritos no campo da jurisdição voluntária justamente porque o direito positivo alemão já dispunha sobre a vinculação dos atos de jurisdição voluntária ao Poder Judiciário, o que acabou por esvaziar de relevância a discussão acadêmica sobre a natureza jurídica dos referidos atos.

Historicamente, também nesta época os doutrinadores alemães em muito foram limitados pelo Estado nacional-socialista, onde não raro encontramos registros como o de Lent, que defendia a própria abolição do processo civil, a ser substituído por um novo processo unitário. No mesmo sentido Munzel e Bärmann[286].

Assim, tanto equivoca-se Otto Mayer ao identificar a jurisdição contenciosa apenas com o processo de cognição, como quando confunde a natureza material do ato jurisdicional e o seu aspecto orgânico ou subjetivo, vez que nem todas as atribuições do Judiciário são exclusivamente jurisdicionais.

Na Itália Santi Romano[287] defendeu a natureza jurisdicional do processo voluntário baseado na imparcialidade essencial à Jurisdição, na qual o julgador busca a tutela objetiva da ordem jurídica, antagonicamente à Administração, que defende seus próprios interesses. Por este critério, são incluídas dentre as atividades jurisdicionais até mesmo os atos de polícia judiciária, uma função puramente administrativa do Estado.

---

[285] *Derecho Administrativo Alemán, apud* Frederico Marques, *Ensaio Sobre Jurisdição Voluntária*, p. 85-6.

[286] Enrico Allorio, *Problemas de Derecho Procesal*, T.II, p. 83-93.

[287] *Corso di Diritto Costituzionale*, 1944. *Apud* Frederico Marques, *Ensaio sobre Jurisdição Voluntária*, p. 85.

A este pensamento Frederico Marques nos traz crítica de Codacci-Pisanelli, afirmando que a imparcialidade não é privativa da jurisdição, mas também presente em certos atos da administração pública, como no caso do examinador ao atuar imparcialmente avaliando candidatos de um concurso público.

E por sua vez Cristofolini acrescenta que o interesse da administração pública nos atos que realiza não está de todo ausente na jurisdição voluntária, embora deslocado para uma autoridade judiciária, mas tendo tão-só o caráter mediato[288].

Mais modernamente o tema da jurisdição voluntária foi objeto de acurados estudos desenvolvidos por processualistas do direito peninsular, dentre os quais destacamos especialmente Carnelutti e Micheli.

3.4.2.2. A Doutrina de Carnelutti

Francesco Carnelutti por diversas vezes revisou sua posição doutrinária em relação ao tema da jurisdição voluntária, reelaborando nas *Istituzioni di Diritto Processuale Civile*[289], especialmente na sua 4a. edição, tudo o que já havia escrito nas *Lezioni di Diritto Processuale Civile* e no *Sistema di Diritto Processuale Civile*, perfilhando-se o processualista com aqueles que entendem ser preventivo o caráter da jurisdição voluntária e repressivo o da contenciosa.

Quanto a esta posição também podemos citar como alguns partidários Roger Merle[290], Federico Glück[291] e Goldschmidt[292].

---

[288] Frederico Marques, *Ensaio sobre Jurisdição Voluntária*, p. 88.

[289] *Ensaio sobre Jurisdição Voluntária*, p. 174.

[290] *Apud* F.Marques, Ensaio, p. 178.

[291] "Um e outro poder estão subordinados à lei escrita do Estado e têm ambos por objeto próximo a garantia dos direitos civis; mas, enquanto na jurisdição contenciosa o poder do juiz visa garantir e reconstituir direitos que foram lesados, na jurisdição voluntária a garantia é contra futuras lesões." *Commentario alle Pandette*, livro II, parágrafo 193, p. 73. *Apud* F. Marques, *Ensaio*, p. 178.

[292] "A jurisdição voluntária supõe uma ação jurídica meramente preventiva (ainda quando possa concorrer nela a força, com caráter auxiliar), como a intervenção no comércio jurídico (legalizações, cartórios de livros públicos e registros), e a tutela dos interesses civis das pessoas que dela necessitam (tutela, sucessões), com o objeto de evitar futuros litígios. Poder-se-ia,

Nas *Lezioni* registrou que a jurisdição voluntária "é a atividade do juiz dirigida não à composição de uma lide, mas à tutela de um interesse coletivo à boa administração de interesses privados"; no *Sistema* mostrou que no processo voluntário o "juiz atua para satisfação de um interesse público, que tem por objeto a boa administração dos interesses privados, bem distinto, assim, do interesse que existe na composição da lide"; e finalmente Carnelutti inovou quando das *Istituzioni*, aludindo a um tipo de processo *senza lite* que, na quarta edição da obra, passou a ser incluído dentro da jurisdição voluntária.

Diferenciou a verdadeira "falta de litígio" e a "falta de espécie de litígio", que consiste na discussão - *contestazione* - da pretensão, podendo existir o processo sem discussão (quando o devedor não se opõe à demanda do credor, por exemplo), o que não pode ser confundido com processo sem litígio ou processo impróprio, onde órgãos investidos da função processual exercem uma função administrativa. Neste último caso falta o litígio da pretensão discutida, mas não o litígio da pretensão insatisfeita.

O processo sem litígio, dentro do processo contencioso, possui a ação da autoridade frente a um interesse único, cuja tutela se reclama ou cuja intervenção seja aconselhável, não se confundindo com o processo voluntário[293].

Já o contraditório pode obedecer a uma distinta apreciação do mesmo interesse, mas não aos dos interesses em pugna, inexistindo aí a lide[294]. Em razão da gravidade da situação, a comprovação dos pressupostos faz-se necessária através do processo de conhecimento, onde exemplos são o processo de nulidade do casamento (mais acordo do que contrato) ou o de separação pessoal.

No *Sistema* expressou Carnelutti que o magistrado não atuaria *in mezzo* dos litigantes, mas junto ao interessado ou seu

---

portanto, resumir a oposição real que existe entre jurisdição contenciosa e voluntária (sem prejuízo das disposições de direito positivo que a desvirtuam) mediante expressões de repressão, ou justiça compensativa, e prevenção, ou justiça preventiva." *Derecho Procesal Civil*, p. 126, *Apud* F.Marques, *Ensaio*, p. 179.

[293] Exemplo: a interdição - processo sem litígio entre o autor e o interditando, vez que o primeiro fala no interesse do segundo.

[294] Prata, obra citada, p. 232.

representante, quase que como parte e como juiz, o que não afasta a inexistência de conflito de interesses na jurisdição voluntária, pressuposto essencial da própria atividade jurisdicional *lato sensu.*

De acordo com Edson Prata, manifestando-se sobre a obra do processualista italiano, "difere, porém, a finalidade da intervenção do juiz, que em matéria voluntária, intervém para a melhor tutela do interesse em conflito, enquanto que em matéria contenciosa o faz para composição do conflito."[295]

Releva-se ainda de mérito a obra de Carnelutti, pois sistematizou o estudo e a doutrina existente sobre o processo voluntário, classificando-o em três espécies principais quanto à matéria de estado: o procedimento relativo ao casamento, à filiação e à comunhão.

3.4.2.2.1. Apreciação crítica. Dentre os infindáveis depoimentos daqueles que escreveram sobre Carnelutti, podemos generalizar que a crítica às suas idéias se limitaram à observação de que o juiz também pratica atos de jurisdição sem caráter preventivo, bem como de jurisdição contenciosa com o objeto de prevenção de futuros litígios, como assinala o processualista.

Alcalá-Zamora[296] criticou tal concepção, bem como as doutrinas a ela relacionadas, por não ter Carnelutti feito referência à jurisdição, mas ao *"processo"* voluntário; por ter intercalado entre o processo contencioso e o voluntário um processo sem litígio; por inicialmente ter considerado voluntário o processo penal, e por assinalar a controvérsia como um novo pressuposto desta atividade.

E sobre o processo *senza lite* registrou: "a hipótese de um processo sem litígio que, afinal de contas, não resulta em contencioso ou voluntário é tão dificilmente imaginável, que seu próprio inventor terminou por abandoná-la."

Ao que acrescenta Frederico Marques:

"Carnelutti parece não mais admitir o caráter administrativo da jurisdição voluntária. Como é sabido, este escritor tem um conceito todo próprio de jurisdição, pois criou a função

---

[295] Prata, obra citada, p. 233.

[296] Premissas para Determinar la Índole de la Jurisdicción Voluntaria, *apud* Prata, obra citada, p. 234.

processual em que a jurisdição está compreendida, e onde agora também colocou, como parte integrante, a jurisdição voluntária. Sendo assim, o denominado processo voluntário se situa no mesmo plano de outros tipos de processo, que para Carnelutti são os seguintes: jurisdicional (ou de cognição), executivo, cautelar, penal e de injunção.

"Não nos parece admissível tal classificação de tipos processuais, mesmo porque não compreendemos a existência dessa função processual, substitutiva da jurisdição. Mas, ainda que assim não fosse, é evidente que a jurisdição voluntária não pode ser equiparada ao processo jurisdicional (da terminologia de Carnelutti) ou ao processo executivo.

"A jurisdição voluntária, eminentemente preventiva, não tem caracteres daqueles outros processos, justamente porque estes se inserem no campo da jurisdição contenciosa.

"Também é absurdo confundir o processo civil inquisitório com o procedimento voluntário, de forma a absorver aquele este último." [297]

A esta crítica replica o jurista pátrio Edson Prata, adepto da teoria jurisdicionalista, no seu excelente trabalho *Jurisdição Voluntária*, onde analisa ponto a ponto a obra *Ensaio Sobre a Jurisdição Voluntária*, de Frederico Marques, referenciando que este último pesquisador não teria examinado o livro *Derecho y Processo*, de Carnelutti, cujas palavras esclarecedoras do mestre italiano reproduz:

"O fim, porque ela constitui, tal como a jurisdição contenciosa, um remédio contra a desobediência, ainda quando em potencial. O meio, porque a reação se cumpre mediante a declaração de certeza, a respeito da qual já sabemos que consiste em uma eleição oficial que substitui a eleição particular, e é uma eleição feita 'super partes' e por isso imparcial, confiada a um órgão, como o juiz, que opera não no interesse mas em colaboração com as partes, para garantir a ordem, necessária para a salvação do indivíduo na sociedade. Assim, a unidade do processo, contencioso ou voluntário, deve ser procurada acima do nível da lide ou do negócio, na desobediência que mediante o processo contencioso se reprime e mediante o processo voluntário que se previne.

---

[297] Prata, obra citada, p. 234-5.

"Esclarece que encontraremos no conceito de desobediência a solução para o caso. Preocupemo-nos, destarte, não com a ausência de lide na jurisdição voluntária, mas com a presença de um negócio, e verificaremos que a jurisdição voluntária pertence ao mesmo tronco da jurisdição contenciosa. O ponto de partida, portanto, está na desobediência: mas esta é uma palavra a ser vigiada, porque pode ser confundida com descumprimento. Obedecer (*ob-audire*) significa verdadeiramente dar ouvido. Por isso se esgota no campo psicológico, sem necessidade de traduzir-se em atos materiais; assim, a simples pretensão, como a simples oposição infundada, se resolvem em uma desobediência, ainda que não nasçam de um descumprimento. Acontece entre a desobediência e o descumprimento a mesma relação que encontramos entre a semente e o fruto, ou o bacilo e a enfermidade. (...)

"O perigo não é somente o da desobediência consciente. Também o da desobediência inconsciente, e, portanto, involuntária é um elemento de desordem, contra o qual as exigências da ordem impõem uma reação. (...)

"Conclui Carnelutti fazendo interrogações: Como se faz, pois, para reagir quando a desobediência toma forma de lide de pretensão discutida? Sabemos que a reação consiste em pedir ao juiz uma interpretação vinculante da norma jurídica. Esta solução sugere uma solução análoga para o caso em que desobedecer esteja somente em potencial. Até então se dirige ao consultor; o súdito não está nunca livre do erro; para se colocar em segurança basta dirigir-se ao juiz. E quando, pela importância do negócio, o perigo de desobediência é particularmente grave, é natural que o dirigir-se ao juiz apareça posto em condição de eficácia dos atos a cumprir para o desenvolvimento do negócio. Disto tudo, resulta claramente a analogia do processo de declaração de certeza, com o qual reprimimos a desobediência, já verificada, com aquele outro processo, mediante o qual se previne a desobediência, que pode ocorrer." [298]

A partir da escola de Carnelutti, outro reconhecido mestre italiano apontou acuradamente em inúmeros trabalhos a natureza jurisdicional da atividade voluntária, muito contri-

---

[298] Prata, obra citada, p. 56-7.

buindo para o esclarecimento das controvertidas questões ora abordadas.

3.4.2.3. A Doutrina de Micheli

Talvez quem mais tenha escrito em nossos dias sobre o presente tema seja o processualista italiano Gian Antonio Micheli, que manteve assim a tônica da discussão doutrinária ao reinterpretar o processo voluntário sob a ótica da crise pela qual passa a teoria da Divisão dos Poderes do Estado na sua forma mais tradicional.

Iniciando suas investigações sobre o tema, procurou identificar os motivos pelos quais o legislador atribuiu determinadas tarefas à competência do órgão jurisdicional, independentemente das razões de política legislativa que o pudessem ter inspirado.

À época, 1945, convalidando a posição carneluttiana, reconheceu a predominância da Escola Administrativista, filiando-se, todavia, à concepção que interpreta como jurisdicional a natureza do processo voluntário.

Com a rediscussão do fundamento da Concepção Tripartite dos poderes do Estado, Micheli anotou em seu estudo *Jurisdicción Voluntaria - Significado y Límites*[299], que os processualistas que vêm revisando o problema da natureza da jurisdição voluntária, especialmente Enrico Allorio e Elio Fazzalari, preocuparam-se apenas em identificar a natureza do ato jurisdicional e, por conseguinte, distinguir dito ato dos demais praticados pelo Estado, particularmente o ato administrativo.

Analisaram-se as diferenças entre Jurisdição e Administração, sendo elementos da primeira o efeito típico da coisa julgada, a violação do direito, o caráter de terceiro do juiz, os princípios da demanda e do contraditório e a irretratabilidade do ato jurisdicional.

Considerou-se fundamentalmente a histórica relação entre jurisdição e coisa julgada oriunda da Escola Vienense de Kelsen, cujos teóricos, entretanto, não foram capazes de caracterizar e distinguir uma função jurisdicional de uma função administrativa.

---

[299] *Estudios de Derecho Procesal Civil*. 1970. v. IV, p. 115-347.

Entendendo insuficiente o critério desenvolvido para caracterização das funções estatais, Micheli criticou longamente Allorio (*Saggio Polemico sulla Giurisdizione Volontaria*, 1948) ao reduzir todo o significado da distinção entre atividade jurisdicional e outras atividades do Estado, à diferença dos efeitos jurídicos que derivam dos vários atos estatais.

Concomitantemente ficariam reduzidas a lei e a sentença a manifestações do *imperium* estatal, e o ato da administração a uma mera exteriorização de autonomia do mesmo, em especial quando Allorio afirma que "a administração, como função jurídica, se encontraria em posição intermediária como anel de conjunção entre as atividades propriamente soberanas e as atividades simplesmente livres, como os negócios privados."

Para Micheli, não seria correta a conclusão de Allorio ao reduzir a diferença entre Jurisdição e Administração à existência de coisa julgada, característica do ato jurisdicional, já que também se presencia a jurisdição em casos onde inexiste a coisa julgada, como no processo cautelar e na execução forçada.

Decompondo o efeito da coisa julgada na teoria de Allorio, nela Micheli identificou dois elementos constitutivos, a imperatividade e a imutabilidade do pronunciamento do juiz, os quais não seriam perfeitos e suficientes para determinar a distinção entre a Jurisdição e a Administração.

E manifestou-se:

"Como he recordado hace poco la jurisdicción tendría como su nota característica no sólo el carácter de tercero del juez, no sólo la irretractibilidad del objeto jurídico, producido por el acto jurisdiccional, sino además los principios de la demanda y del contradictório." [300]

Assinalou este processualista que, em alguns casos, as decisões administrativas não diferem das jurisdicionais mais que pela posição institucional dos órgãos que as emitem, e que tais decisões "se manifestam... não como a última, nem menos importante, expressão do esforço de aprisionar a cada vez mais rebelde realidade na tricotomia tão cara a Montesquieu."

Já quanto a Fazzalari, assim referiu-se Micheli:

---

[300] Significado y Límites. Jurisdição Voluntária. *Estudios de Derecho Procesal Civil*, p. 119.

"Como recordaba hace poco, la crisis que ha afectado a la tradicional división tripartita de los poderes del Estado, ha conducido recientemente a considerar como actividad estatal, autónoma de la jurisdicción así como de la administración, la denominada jurisdicción voluntaria[301]. Pero los esfuerzos para dar una individualización a tal *tertium genus* me parece que no ha alcanzado resultado. Se niega el carácter de tercero del juez, en la jurisdicción voluntaria, pero no es posible encontrar ninguna disposición de ley en sentido contrario."

Causa perplexidade a Micheli a afirmação de que a jurisdição é um *genus* de atividade estatal, pois englobaria na nova categoria atividades provenientes de órgãos judiciais e administrativos. Para ele há uma unidade de concepção entre jurisdição contenciosa e jurisdição voluntária que postula sempre uma atividade estatal, exercitada pelo juiz, como órgão imparcial e institucionalmente indiferente ao efeito jurídico produzido pela sua providência.

A jurisdição voluntária, na multiplicidade das figuras que ela apresenta, ainda que se limitando àquelas que se desenvolvem pelo juiz civil ordinário, perde o aspecto de *jurisdição menor* que a ela se atribui quando considerada unitariamente, como categoria própria ou como atividade administrativa (jamais de polícia).

---

[301] E comenta Micheli: "Fazzalari, ob. cit. págs. 176 y sigtes., el qual tiende a reducir el significado de la presencia del juez, en la jurisdicción voluntaria, a las razones de política legislativa que han provocado que se confie tal actividad estatal al juez (en contra véase sin embargo De Marini, *Considerazioni sulla natura della giur.* vol., en Riv. dir. proc. 1954, I. 273). Es sumamente instructiva, al respecto, la experiencia alemana en la materia, como se puede ver en los recientes trabajos brevemente ilustrados en sentido crítico también por Allorio, *Nuove Riflessioni*, cit., págs. 28 y sigtes., el cual, por otra parte, no me parece que saque de aquella experiencia las enseñanzas que, por el contrario, considero más evidentes. Como es sabido, en Alemania existe una ley especial que regula la materia y esta existencia de la ley positiva ha quitado a la doctrina germánica la ocasión de ocuparse a fondo del problema de la naturaleza de la denominada jurisdicción voluntaria. El ámbito de la qual, por otra parte, especialmente en esta postguerra, se ha ampliado considerablemente en quanto el legislador ha sometido a las formas mas simples previstas por la recordada Freiwillige Gerichtsbarkeitsgesetz, procesos cuyo contenido les ha parecido a muchos de los comentadores esencialmente contencioso; de ahí el aflorar de toda aquella problemática que, en la doctrina italiana, ha dado origen e impulso a los estudios atinentes a los contrastes existentes entre forma y sustancia en los procedimientos ante el juez civil ordinario. (...)"

Para Micheli serão sempre jurisdicionais os atos cumpridos em tal procedimento pelo juiz ordinário, a menos que o direito positivo disponha o contrário, ante o que concluiu:

"El jurista no puede dejar de tomar conocimiento de la elección política efetuada por el poder constituyente y por el legislador ordinario y contribuir, por conseguiente, a proporcionar al operador práctico los instumentos para la concreta aplicación de las normas positivas. Las quales, como he dicho, no conocem una categoría unitária de jurisdicción voluntaria, sino vários tipos de proceso que realizan formas de tutela jurídica, diversas de las realizadas tradicionalmente mediante el proceso contencioso; formas de tutela previstas caso por caso por la ley (de ahí la tipicidad de ellas) y que han sido atribuídas al órgano jurisdiccional en virtud de una valorización, por parte del legislador, cuyo contenido (*lato sensu*) político no puede dejar de tener reflejos directos para el jurista porque se haya convertido actualmente en norma jurídica. Es, por eso, sumamente peligroso para el intérprete aventurarse entre las arenas movedizas de las investigaciones sobre la naturaleza de la actividad del juez, desarrolladas en este o en el aquel proceso, sin tener en cuenta los límites intraspasables que se fijan por las normas positivas y sin haber buscado, por conseguiente, en ellas y en el sistema que de las mismas puede deducirse, la solución de los muchos y agobiantes problemas que la práctica cuotidiana apresenta."[302]

E finaliza suas idéias, reafirmando a posição jurisdicionalista:

"El proceso voluntario pertenece a la jurisdicción y no a la administración, puesto que no tiende a la realización de lo que es la finalidad típica tradicional de la jurisdicción, finalidad que, como quiera que se la formule, postula un contraste de las partes, una ruptura del equilibrio entre dos o más partes contrapuestas, razón por la cual se recurre ao órgano jurisdiccional a fin de reconstruir dicho equilibrio."[303]

3.4.2.3.1. Apreciação crítica. Não poderia ser outro senão Enrico Allorio o mais enérgico opositor ao magistério de Mi-

---

[302] *Significado y Límites.* p. 146-7.

[303] Scritti Giur. in Onore di Carnelutti, *apud* Allorio, *Problemas de Derecho Procesal*, p. 99.

cheli, registrando em *Problemas de Derecho Procesal*[304] que não sabe contra quais argumentos dogmáticos e de Direito Positivo choca-se a sua identificação, e de Liebman, da atividade jurisdicional com aquela suscetível de produzir a coisa julgada (veja-se item 3.4.1.3.1. retro).

Sobre esta declaração de Micheli, ressalvou Allorio ter seu respeitado crítico feito confusão entre duas de suas doutrinas completamente heterogêneas: aquela em que sustentou, e considera superada, a existência de um fim de justiça inerente à atividade de Administração Pública; e a outra, da identificação entre a atividade jurisdicional e a atividade da qual brota, ou pode brotar, a coisa julgada.

Também ataca a independência, o caráter de terceiro e a imparcialidade do juiz, tão festejadas por Micheli como características comuns entre a jurisdição contenciosa e a voluntária, alegando ser nada mais do que uma imagem, a não ser que seja referente a um nobre ideal de moralidade que se deva cultivar. Isto porque Allorio vê as mesmas qualidades no administrador público, que, assim como o legislador, também é destinatário das leis, especialmente aquelas constitucionais.

Acresce Allorio que não se olvidou de classificar o processo cautelar (veja-se item 3.4.1.3.1. retro), mas que dificilmente o considera, assim como as providências do processo executivo, passível de enquadramento como processo jurisdicional em sentido próprio.

E termina o jurista replicando com sua conhecida posição:

"Leyendo las páginas de Micheli, resulta sólo esto: en cuanto la Constitución de la República, se citan de ellas algunos artículos que, por lo demás, tienen con el problema debatido un vínculo extremamente vago y genérico; al paso que del Código civil y del Código de procedimiento civil, discutiendo acerca del problema de la cosa juzgada, no se siente siquiera la necesidad de citar y comentar las normas atinentes, respectivamente, a la cosa juzgada sustancial y a la cosa juzgada formal; normas que, a mi modo de ver, confirman la tesis que quiere ver identificada la jurisdicción con la actividad que culmina en la producción de la cosa juzgada."[305]

---

[304] Páginas 99 a 101.

[305] Ob. cit., p.107-8.

3.4.2.4. *Outros seguidores*

Conforme referenciado, a existência no direito positivo alemão de normas específicas vinculando a atividade voluntária à jurisdição em muito inibiu os processualistas daquele país de aprofundarem seus estudos na questão, o que não ocorreu na Itália, onde no pós-guerra encontramos uma grande torrente de obras de especial valor doutrinário.

Assim Vicenzo Corsini adere a esta concepção, convencido de que a jurisdição deve garantir a observância do Direito, o que se verifica igualmente na jurisdição contenciosa e na jurisdição voluntária, sendo que nesta última também o Estado intercede para impor o cumprimento das normas jurídicas, aplicando-as ao caso concreto.

Recebe crítica de Frederico Marques que vê aspectos e conteúdos diversos na aplicação da lei nas jurisdições contenciosa e voluntária, registrando que "nem de outra maneira se explicaria a razão de existirem atos de tutela dos interesses privados, em tudo iguais aos atos de jurisdição voluntária, que não pertencem à esfera de atribuições dos juízes."[306]

Fernando di Blasi, traçando completo estudo do processo voluntário em suas origens romanas e no direito positivo italiano, declara ser substancialmente a mesma a função do juízo tanto na jurisdição contenciosa quanto na voluntária[307]. Baseia sua convicção na afirmativa de que os atos de jurisdição voluntária se realizam em função de interesses privados, não sendo somente por controvérsias que se manifesta e efetiva a função jurisdicional.

No mesmo sentido Gagliani e, em França, Roger Merle[308].

Um rol de elementos identificadores da natureza comum do processo contencioso e do voluntário é formulado por De Marini[309]: a tutela de um interesse privado insatisfeito, a atuação do direito objetivo e a imparcialidade do juiz.

---

[306] *Ensaio sobre Jurisdição Voluntária*, p. 88.

[307] Giurisdizione Volontaria. *Novissimo Digesto Italiano.* , 3.ed., 1957. v. 7, p. 1094 à 1101.

[308] *Apud* Frederico Marques, *Ensaio*, p. 88.

[309] *Apud* Prata, obra citada, p. 58.

Satta[310] declarou que "a administração faz valer interesses seus de caráter público, enquanto que na jurisdição, tanto contenciosa como voluntária, se exercita sempre em relação a interesses particulares".

Antonio Visco diferencia a atividade jurisdicional da administrativa, pois na primeira o Estado aplica o Direito, como fórmula-sanção, aos casos concretos através da sentença; na segunda, promove através do ato administrativo a iniciativa necessária para alcançar a finalidade do interesse público. E sobre a natureza jurídica da jurisdição voluntária declara ser "esercizio di giurisdizione come attuazione del diritto obbiettivo." Para Visco, nesta atividade o Direito que se aplica é o contido no sistema, e não em uma norma específica. O juiz não ordena, mas sim autoriza[311].

E finalizamos com um dos grandes nomes da processualística mundial, Ibañez Frocham[312], que ambém expressa sua adesão à Teoria Jurisdicionalista, seja através da análise da natureza, objeto, forma ou eficácia da atividade de jurisdição voluntária.

Para este processualista é jurisdicional a natureza jurídica da atividade voluntária já que, a aceitar-se a Teoria Administrativista, importaria em deixar o ato jurisdicional circunscrito ao processo contencioso e limitado a um só de seus atos: a sentença final. E conclui por arrolar os elementos comuns entre o processo contencioso e o voluntário:

a) a atuação do Direito Objetivo;

b) a tutela de um interesse privado insatisfeito,

c) e a imparcialidade do julgador.

3.4.2.4.1. Apreciação crítica. Valendo-se da sempre constante definição de "administração pública de interesses privados", genericamente podemos ressaltar como principais argumentos daqueles que discordam da concepção jurisdicionalista a ausência de partes em sentido estrito, a falta de eficá-

---

[310] *Apud* Prata, obra citada, p. 58.

[311] Natura Giuridica dei Provvedimenti di Giurisdizione Volontaria. *I Procedimenti di Giurisdizione Volontaria*, 3. ed., 1952., p. 3-11.

[312] *Apud* Prata, obra citada, p. 57 e Faria da Silva, *Natureza Jurídica da Jurisdição Voluntária*, p. 586-595.

cia de coisa julgada nos provimentos de jurisdição voluntária, a impossibilidade de contraditório e a inexistência de litígio.

Quanto a este último aspecto, invocamos a crítica de Alcalá-Zamora, ao afirmar que "na jurisdição voluntária o litígio está ausente, às vezes latente... mas nunca presente."[313]

3.4.2.5. A doutrina jurisdicionalista no Brasil

Dentre os processualistas pátrios que pesquisaram este tema, três grandes obras devem ser invocadas e que em nada ficam a dever aos grandes pesquisadores estrangeiros: *a Administração Pública e a Ordem Jurídica Privada*, de Lopes da Costa, *Ensaio Sobre Jurisdição Voluntária*, de Frederico Marques e *Jurisdição Voluntária*, de Edson Prata.

Destes, apenas o último aderiu à Escola Jurisdicionalista, o que não significa que um grande número de renomados juristas com ele não tenham também dividido o mesmo caminho doutrinário.

Para Prata[314], de forma alguma os atos de jurisdição voluntária enquadram-se como atos de Administração e, algumas vezes, até mesmo de Jurisdição na forma como a entendemos. Insurge-se contra a atitude hostil e pouco científica de certos processualistas, não especializados no Direito Administrativo, ante as atividades de jurisdição voluntária que objetivam interesses privados, as quais somente poderiam ser enquadradas na Administração, que visa ao interesse público, se modificado o conceito desta.

Afirma Prata que, se na jurisdição voluntária não há lide, o mesmo ocorre nas ações declaratórias, onde não há violação do direito, estando presente neste processo o caráter substitutivo da Jurisdição.

E, provocando os administrativistas, formula três questões:

"Se há jurisdição unicamente no processo contencioso, com sentença possibilitando a formação de coisa julgada, como classificam-se os demais atos processuais do juiz, inseparáveis da sentença e nos quais haverá de fundar-se ela para ser

---

[313] *Apud* Lauria Tucci, *Jurisdição, Ação e Processo Civil*, p. 14.

[314] *Jurisdição Voluntária*, p. 74-77.

válida? E os demais atos do processo não contencioso, que seriam?[315](...)

"Se a jurisdição consiste unicamente em aplicar a lei ao caso concreto, que é a decisão no processo de execução e nas medidas cautelares? Aqui estamos dentro do processo contencioso, mas o efeitos das decisões são distintos e portanto a decisão não seria ato jurisdicional. (...)

"O que é o ato homologatório da desistência quando não há coisa julgada?"

Já Marco Afonso Borges[316] demonstra em diversos artigos publicados sua adesão à Teoria Jurisdicional, registrando ser a Jurisdição o poder-dever do Estado de distribuir justiça aplicando a lei ao caso concreto. Haverá Justiça toda vez que o Estado se manifestar sobre o que lhe é levado à apreciação, sendo objeto litigioso ou não, citando como exemplo a homologação do divórcio consensual, quando o juiz reconhece o direito e aplica a lei ao caso concreto.

Seguindo magistério de Couture, afirma Afonso Borges que o direito de petição é gênero do qual a ação é espécie. Em órgãos administrativos, é o direito constitucional de peticionar; perante a Justiça, é a prestação jurisdicional, com litígio ou não, vez que endereçada ao Estado-Juiz. Para ele, a jurisdição é una e na atividade voluntária há também jurisdição, ação e processo.

Diferem as formas de jurisdição porque, enquanto na contenciosa há partes propriamente ditas (*inter nolentes*), processo contraditório e eficácia de coisa julgada, na voluntária temos apenas interessados (*inter volentes*), com ausência de litígio e coisa julgada.

Também sintentizando graficamente as diferenças entre as atividades jurisdicional e administrativa, Sérgio Porto[317] nos apresenta o seguinte quadro demonstrativo, opondo-se àquele elaborado por Athos Carneiro ao separar a jurisdição voluntária da contenciosa[318]:

---

[315] De Marini. Critica esta conclusão, qualificando-a de fora da realidade.

[316] Jurisdição Voluntária. *AJURIS*, n. 18, p. 76-90.

[317] *Jurisdição Voluntária: Atividade Administrativa ou Jurisdicional?*

[318] Vide item 3.4.1.4. desta obra.

Atividade Jurisdicional	Atividade Administrativa
1. Depende de iniciativa da parte;	Normalmente não depende de qualquer requerimento;
2. O juiz faz atuar a lei;	O administrador age conforme a lei;
3. Pressupõe uma lide, pois existem partes com interesses conflitantes;	Não pressupõe uma lide, pois existem apenas interessados;
4. É uma atividade substitutiva;	É uma atividade originária;
5. Há um processo;	Há simplesmente um procedimento;
6. Resulta coisa julgada material;	Não resulta coisa julgada material;
7. Presença de um terceiro imparcial (*terzietà*),	Não há terceiro imparcial;
8. Satisfaz interesse de outro.	Satisfaz interesse próprio.

Ovídio Baptista da Silva por sua vez, referindo-se à *Teoria Quinária*, de Pontes de Miranda, sobre o conjunto das cargas de eficácia de que são portadoras todas as ações, manifesta sua posição jurisdicionalista, assim destacando:

"A jurisdição voluntária distingue-se da contenciosa em que na primeira não há jurisdição declarativa de direitos, o que é responsável pela ausência de coisa julgada, determinada pela maior relevância da eficácia constitutiva da sentença proferida em processo de jurisdição voluntária, justamente em detrimento da eficácia declaratória. Esse fenômeno, embora não analisado suficientemente por Rosenberg, é por ele descrito ao mostrar que, na jurisdição voluntária - que também é jurisdição em sentido estrito (*Tratado*, vol. 1, parágrafo 10, I, 2) - o juiz nada declara, com eficácia suficientemente relevante para produção da coisa julgada, pois se o caso exige uma declaração sobre a existência de um determinado sujeito contra outro, a via apropriada será o processo de jurisdição contenciosa (pág. 76). Nos casos de jurisdição voluntária, não está em causa a existência (eficácia declaratória) de um determinado direito, mas simplesmente sua regulação (id. ibid); como não está em causa a declaração de existência do direito a que se dá proteção de simples segurança, na sentença cautelar, do que resulta que também ela não possui coisa julgada material e, não obstante, é uma forma indiscutível de jurisdição contenciosa."[319]

---

[319] *Curso de Processo Civil*. Porto Alegre, 1987. v. I, p. 36 e 124.

Referenciando Ovídio em obra dedicada especificamente à atividade voluntária, José Maria Rosa Tesheiner[320] ratifica o diminuto peso da carga de eficácia declarativa da jurisdição voluntária, responsável pela inexistência da coisa julgada, salientado a maior relevância de que se reveste a eficácia constitutiva da sentença proferida. Diferencia-se assim a sentença constitutiva necessária, proferida em processo de jurisdição contenciosa, da sentença também constitutiva, produzida em processo de jurisdição voluntária, onde é mínimo o efeito declaratório e, portanto, insuficiente para produzir a coisa julgada[321].

E conclui:

"A jurisdição voluntária se vincula à existência de direitos subjetivos (direitos a uma prestação ou direitos formativos). Daí a existência necessária de partes em sentido material, isto é, dos sujeitos da relação intersubjetiva que será regulada por um terceiro imparcial, o juiz; na jurisdição voluntária não se trata de tutelar direitos subjetivos, mas de proteger interesses legítimos. Da inexistência de direitos subjetivos decorre o afrouxamento do princípio da legalidade, admitindo-se que o juiz decida por razões de conveniência e oportunidade, *sem que se trate de atividade administrativa*, porque pertinente a interesses 'privados'. (...)

"A passagem da jurisdição contenciosa para a voluntária depende das concepções dominantes em uma dada sociedade, a respeito da existência ou inexistência, no caso, de direitos subjetivos." (grifamos)

3.4.2.5.1. Apreciação crítica. Contra esta formulação insurgem-se juristas nacionais cujas idéias administrativistas já foram antes apresentadas, como Frederico Marques, Moacyr Amaral Santos, Arruda Alvim, Athos Gusmão Carneiro, Galeno Lacerda e vários outros, pelo que, por respeito à paciência do leitor, deixamos de retranscrever os referidos posicionamentos[322].

---

[320] Tesheiner, José Maria Rosa. *Jurisdição Voluntária*, p. 52.

[321] E continua o autor: Da sentença proferida em processo de jurisdição voluntária não cabe ação rescisória, mas a de anulação de ato jurídico. (p. 52)

[322] Veja-se item 4.4.1.4.

3.4.3. A Concepção Autonomista

A terceira Escola preponderante, alternativa às anteriormente descritas, é a que se convencionou chamar como Teoria Autonomista, tendo como pioneiro e idealizador o processualista italiano Elio Fazzalari.

Com base em trabalho específico dedicado ao tema nas variadas oportunidades em que expôs suas idéias sobre o problema da verdadeira natureza da jurisdição voluntária[323], Fazzalari pugnou para classificá-la como núcleo de uma categoria autônoma, a qual se localiza no flanco das outras atividades fundamentais do Estado, especialmente Jurisdição e Administração, formando um *tertium genus*, ou um *genus per sè stante*, eqüidistante e autônomo em relação às mesmas.

Em verbete de sua autoria na Enciclopedia del Diritto, o autor, no melhor estilo sintético, traça amplo estudo sobre a jurisdição voluntária, especialmente no Direito Italiano, valendo-se do uso de remissões a uma vasta bibliografia por ele indicada como consulta científica.

Assim, "em homenagem à geometria ilusionista a qual até ontem a jurisdição voluntária era apresentada como um verdadeiro centauro, metade administração, metade jurisdição", coloca a atividade graciosa em um espaço próprio, confirmando que a realidade positiva impõe ao intérprete superar a clássica Teoria da Tripartição dos Poderes do Estado. Também refere-se à tentativa de troca do nome, na Itália, de *giurisdizione volontaria* para *camera di consiglio*, como mais tarde efetivamente ocorreu no atual Código de Processo Civil daquele país.

Já em *Problemi e Prospettive del Processo Civile*, Fazzalari discorre sobre a crise da justiça civil, das leis processuais e da legislação fragmentária contraproducente, abordando também a reforma do código italiano, o juiz honorário, a abolição dos processos especiais, bem como dedica um capítulo especial sobre a jurisdição voluntária e o processo de execução concursal, onde desta forma sintetiza seu pensamento:

---

[323] *La Giurisdizione Volontaria*. Pádua: Cedan, 1953, p. 135-181; Giurisdizione Volontaria. *Enciclopedia del Diritto*. Milano: A.Giuffrè, 1970, v. 29, p. 330-380; Problemi e Prospettive del Processo Civile. *Rivista Trimestrale di Diritto e Procedura Civile*. Milano: A.Giuffrè, Giugno 1984, p.343-4.

"A jurisdição voluntária, apesar do nome, não se trata de jurisdição. Merece uma disciplina mais orgânica. A participação dos interessados, em contraditório, na fase de preparação do *provvedimento*, se não é indispensável, é, como em outros campos da atividade pública e privada, de grande utilidade."

Edson Prata[324] nos traz semelhante posicionamento de Finzi de Barbora, para quem é correta a solução mista ou autonomista (substancialmente administrativa e formalmente jurisdicional), concluindo por um sistema misto de impugnação, consistente na soma do tipicamente administrativo e do tipicamente jurisdicional previsto no Código de Processo Civil (Livro III do diploma italiano).

3.4.3.1. Apreciação crítica

A crítica a estas idéias vem de autores como Frederico Marques, no Brasil[325], partidário da tese administrativista, não conseguindo assimilar (isto em 1959) a possibilidade de rompimento na Teoria Tripartite de Montesquieu, pelo que invocou De Marini[326]:

"che la tradizionale tripartizione delle funzioni statali è sbagliatta e che essa va sostituita da una quadripartizione: legislazione, ammnistrazione, giurisdizione e giurisdizione volontaria."

Embora reconheça que não são estanques os poderes estatais, podendo cada um deles ter órgãos atribuídos de funções próprias de outros, Frederico Marques não reconhece a classificação da jurisdição voluntária como *per sè stante*, mas sim como variante de uma das três atividades fundamentais do Estado, que se amolda e se adapta a algumas peculiaridades do órgão a que, de maneira anormal, é atribuída, classificando-a sim como uma função anômala.

Também Pajardi[327], vinculado à doutrina administrativista, ataca a teoria de Fazzalari, inconformado com a tentativa

---

[324] Obra citada, p. 56.

[325] *Ensaio*, p. 96-7.

[326] Carlo Maria de Marini. Cosiderazioni sulla Natura della Giurisdizione Volontaria. *Rivista di Diritto Processuale*, fascicolo n.4, p.167. *Apud* Ensaio, p. 96.

[327] *La Volontaria Giurisdizione nel Quadro dell'Ordinamento Processuale*, p. 9-10.

de revisão da Teoria da Tripartição dos Poderes do Estado e ressaltando que o legislador italiano atribuiu a jurisdição voluntária à atividade jurisdicional, apenas considerando a bagagem positiva de sua imparcialidade constitucional, independência e ordenamento cristalizado.

E encerrando a apresentação da última das grandes Escolas conceituadoras da jurisdição voluntária, invocamos Allorio, que registra sua inconformidade com esta concepção, embora simpatizando com várias das teses formuladas por Fazzalari na ampla monografia que dedicou ao tema da jurisdição voluntária. Discorda principalmente da declaração de Fazzalari de que a sentença - o ato jurisdicional - não é uma manifestação intelectual, mas sim de vontade, do que deduz que a declaração de certeza não pode ser seu elemento característico e, por conseqüência, que a coisa julgada não é a sua nota distintiva[328].

3.5. PROCEDIMENTOS DE JURISDIÇÃO VOLUNTÁRIA

Dependendo das circunstâncias político, econômicas e culturais predominantes em uma determinada sociedade e num determinado momento histórico, serão diferentes no tempo os direitos subjetivos ora tutelados pela jurisdição contenciosa, ora pela voluntária, como exemplifica Tesheiner:

"Assim, pode-se conceber a tutela ou a posse dos filhos como direito subjetivo do tutor ou pai, caso em que as decisões judiciais concernentes à nomeação e remoção de tutor e à guarda dos filhos se enquadrariam na jurisdição contenciosa.

"Pode-se, pelo contrário, entender que, em se tratando de crianças, não têm os pais ou tutores verdadeiros direitos subjetivos sobre elas, porque crianças não são coisas, não são objetos de direitos. Nesse caso, as decisões concernentes à nomeação e remoção de tutor e à guarda dos filhos melhor se enquadram na jurisdição voluntária.

"Em alguns casos, a jurisdição voluntária se volta à tutela de pessoas incertas. Enquadram-se, aí, os casos do nascituro, dos testamentos de um modo geral, da herança jacente e das

---

[328] *Problemas de Derecho Procesal*, p. 116-7.

coisas vagas, em que não há lide. No caso particular da busca e apreensão de testamento, o que falta é a finalidade de tutela de direito subjetivo. Na hipótese de remoção de testamenteiro, não se cogita nem de lide nem de direito subjetivo.

"Em outros casos, a jurisdição voluntária se volta à tutela de incapazes. Enquadram-se, aí, os casos do pátrio poder, da busca e apreensão de incapaz, da família substituta, da curatela, da ausência, de alienação de imóveis de incapazes, da emancipação e do casamento de menores, em que não se visa à tutela de direito subjetivo e em que, de regra, tampouco nos deparamos com lide."[329]

Logo, temos pioneiramente uma classificação dos procedimentos de jurisdição voluntária em cinco grandes grupos, segundo Wach/Chiovenda, ilustrada por algumas disposições do Código de Processo Civil Brasileiro selecionadas por Athos Gusmão Carneiro[330]:

a) A intervenção do Judiciário na formação de sujeitos jurídicos, tendo como exemplos a formação de sociedades comerciais através do registro de seus contratos na Junta Comercial, a formação de sociedades civis pelo registro de seus estatutos no Registro Civil de Pessoas Jurídicas, a intervenção do Ministério Público na organização, fiscalização e extinção das fundações;

b) A intervenção do Judiciário na integração da capacidade jurídica das pessoas e no *status* jurídico das pessoas, sendo exemplo a nomeação, remoção e dispensa de tutores e curadores pelo juiz, emancipação de menores sob tutela, separação judicial consensual, conversão de separação judicial em divórcio, alterações, declarações de dúvida, retificações nos registros públicos, habilitação para o casamento, legitimação adotiva, interdição, declaração de ausência;

c) A intervenção do Judiciário em negócios jurídicos, exemplificada pela alienação ou oneração de bens de menores e incapazes dependente de autorização judicial, a sub-rogação de bens clausulados por inalienabilidade, casos de alienação de quinhão em coisa comum, casos de alienação, locação e ad-

---

[329] Obra citada, p. 53.

[330] Jurisdição. Noções Fundamentais. *Revista AJURIS* n. 20, p.43-4 e Giuseppe Chiovenda, *Instituições*, v. II, p. 142.

ministração de coisa comum, casos de extinção de usufruto e fideicomisso, abertura, registro e confirmação de testamentos, arrecadação de bens de herança jacente, arrecadação de bens de ausentes e arrecadação de coisas vagas, especialização de hipotecas legais, etc.

A estes, Moacyr Amaral Santos acrescenta outros dois:

d) Os atos de participação no comércio jurídico, como os vistos judiciais nos balanços e os despachos do juiz nos processos de notificação ou interpelação judiciais;

e) E o juízo de conciliação, que no direito pátrio é preliminar na audiência de instrução e julgamento (CPC, arts. 447 a 449, 278, parágrafo 1º), bem como premissa do Direito Laboral.

Já Alcalá-Zamora sugere uma classificação diversa, também entre três grupos:

a) O dos procedimentos que tratam sobre matéria preventiva, preparatória ou cautelar, ocupando situação intermediária entre os atos administrativos e os tipicamente processuais, permanecendo nos códigos de processo;

b) O dos que têm por objetivo garantir a tramitação de expedientes como a autorização, a homologação ou a dação de fé pública (não-jurisdicionais), cuja indispensabilidade seja reputada pelo legislador. Este grupo, mais extenso, integraria lei especial como na Alemanha, figurando como apêndice do código de processo;

c) E o daqueles em que, com vantagem, o julgador pode ser substituído por notários, registradores do estado civil, de propriedades, corretores de comércio, etc. Este terceiro grupo, como o caracteriza Zamora, "al perder su qualidade de jurisdicción voluntaria, pasaría a los cuerpos legales que rijan la actividad de los funcionarios a quienes se encomiende."

Temos igualmente a divisão de Cristofolini[331]:

a) Atos meramente receptícios, em que a função do órgão judiciário é exclusivamente passiva, como no caso de publicação de testamento particular;

b) Atos de natureza certificante, como os de legalização de livros comerciais e visto nos balanços;

c) E atos que consistem em verdadeiros pronunciamentos do órgão judiciário, como nas autorizações, homologações em

---

[331] *Apud* Frederico Marques. *Instituições*, p. 326-7.

geral e na tentativa de conciliação entre os cônjuges. Nesta última categoria há que distinguir os casos em que o juiz exerce simples controle de legitimidade e aqueles em que verifica da conveniência e oportunidade do ato.

E, finalmente, transcrevemos a classificação sugerida por Tesheiner:

a) Tutela de pessoas incertas;
b) Tutela de incapazes;
c) Tutela em atos da vida privada;
d) Tutela da prova de fatos jurídicos;
e) E a assistência judiciária.

3.6. A SUBSTITUIÇÃO DA JURISDIÇÃO CONTENCIOSA PELA VOLUNTÁRIA

No magistério de Prata, a atividade voluntária substitui a contenciosa, em obediência ao Direito Positivo, através do instituto da conciliação, que se dá com a retirada da oposição havida entre as partes a respeito de uma coisa ou de um fato, e cuja sugestão é legalmente imposta nos casos de separação judicial, na Lei de Alimentos e no Direito Processual do Trabalho Brasileiro.

Por conciliação, tanto pode ser entendido o acordo amigável ou a transação judicial que finda o litígio, desde que se proceda à harmonização quanto ao objeto da divergência. A conciliação é um negócio jurídico, regida pelas normas pertinentes aos contratos e com eficácia de coisa julgada.

Não se confunde este instituto com o juízo arbitral, que se instaura pela vontade das partes litigantes, firmado em compromisso por elas instituído.

Inicialmente obrigatório no Processo Civil Brasileiro, o sistema da conciliação das partes, caracteristicamente como de jurisdição voluntária, já era previsto nas Ordenações Filipinas, nos primeiros decretos imperiais brasileiros, no Código Comercial de 1850, no Regulamento 737 e na primeira lei processual de nosso país, editada em 1832.

Mais tarde foi a fase conciliatória suprimida pelo Decreto nº 359, de 26 de abril de 1890[332], obedecendo a uma tendência

---

[332] "Art. 1. - É abolida a conciliação como formalidade preliminar ou

doutrinária internacional, vez que preponderou, à época, o entendimento de que o instituto não se harmonizava com a liberdade em que deviam agir os direitos e interesses individuais, bem como as despesas e retardamento nos feitos impediam fosse alcançado o objetivo da economia processual e a efetiva satisfação dos interesses em litígio.

Somente no Código de Processo Civil de 1973, artigos 447/449, foi este instituto restaurado.

Na Justiça do Trabalho brasileira é obrigatória a tentativa de conciliação nos dissídios individuais após a contestação e antes do julgamento do feito (Consolidação das Leis Trabalhistas, artigos 847 e 850), existindo dispositivos semelhantes para os litígios coletivos.

Para Campos Batalha, caracteriza-se como atividade voluntária jus-laboral aquela exercida nas diversas funções de assistência e homologação, os atos de homologação de opção retroativa ou fora do prazo pelo sistema de Fundo de Garantia por Tempo de Serviço e os de retratação da referida opção, bem como a homologação de acordos extrajudiciais.

Quando possível a transação, também por imposição legal haverá substituição do procedimento contencioso pelo voluntário nos litígios patrimoniais de caráter privado ou relativos à família, retornando-se ao procedimento contencioso caso inexitosa a conciliação.

Ainda segundo o laboralista Campos Batalha[333], nada obsta a que a jurisdição voluntária seja substituída pela contenciosa, através da superveniência de controvérsia. Este entendimento é referendado por Prata, que registra:

"Sabemos que a atividade jurisdicional voluntária não exclui a posterior atividade jurisdicional contenciosa. Uma situação jurídica regularmente decidida pelo juiz, em procedimento de jurisdição voluntária, não se isenta de volver ao juízo em termos litigiosos. Pode ocorrer que antes de se

---

essencial para serem intentadas ou prosseguirem as ações civis e comerciais, salvo às partes que estiverem na livre administração de seus bens, e aos seus procuradores legalmente autorizados, a faculdade de porem termo à causa, em qualquer estado e instância, por desistência, confissão ou transação, nos casos em que for admissível e mediante escritura pública, termo nos autos, ou compromisso que sujeite os pontos controvertidos a juízo arbitral."

[333] *Tratado de Direito Judiciário do Trabalho*, p. 50.

completar o procedimento voluntário, o interessado o abandone em prol do procedimento contencioso (...).

"É preciso dizer que a oposição ao requerimento do interessado, em jurisdição voluntária, não transforma esta em contenciosa. Há jurisdição contenciosa quando o juiz reconhece ou nega o direito de uma pessoa contra outra, quando há duas partes litigando pretensões diferentes.

"Em linguagem clara, não se realiza propriamente uma transformação no procedimento de jurisdição voluntária em procedimento de jurisdição contenciosa. Nem tão pouco procedimento de jurisdição contenciosa se converte em procedimento de jurisdição voluntária, tanto que os autos daquele são normalmente arquivados, dando lugar ao nascimento e outros autos."[334]

Não encontramos divergências doutrinárias relevantes na classificação da conciliação como jurisdição voluntária, interpretação esta, aliás, já pregada por Calamandrei em 1943, ao afirmar ser este instituto um exemplo particularmente interessante de atividade não contenciosa, atribuído à órgãos judiciais, em especial o *giudice conciliatore*, uma figura específica do sistema judicial italiano.

Esta função, continua o mestre, diferentemente da jurisdição, pressupõe sempre a existência, ao menos potencial, de um conflito de interesses individuais, ou a lide no sentido próprio carneluttiano[335].

No mesmo sentido Zanzucchi, ao incluir a conciliação como atividade de jurisdição voluntária, ressaltando, porém, a não-exclusividade do juízo conciliador como órgão propositor e homologador.

3.7. A JURISDIÇÃO VOLUNTÁRIA E O MINISTÉRIO PÚBLICO

O Ministério Público remonta ao Direito Francês, tendo como sua primeira e primordial função a defesa de um interesse público, embora vinculada a sua atuação aos casos designados pela autoridade executiva.

---

[334] Obra citada, p. 112-3.

[335] La Conciliazione. *Istituzione di Diritto Processuale Civile*, p. 77, páragrafo 24.

Na atualidade encontramos o Ministério Público presente em todos os atos de tutela dos direitos indisponíveis, como fiscal permanente do cumprimento da norma legal.

No ordenamento jurídico brasileiro, no que se relaciona com a jurisdição voluntária, temos esta instituição voltada para o exercício de relevante papel na defesa dos direitos questionados, vez que, segundo o artigo 1105 do Código de Processo Civil Brasileiro, o Ministério Público será citado em todos os procedimentos de jurisdição voluntária, sob pena de nulidade.

Para Carnelutti, "o verdadeiro campo de ação do Ministério Público é o processo voluntário."

Em muitas situações de atividade voluntária, temos o promotor público exercendo funções semelhantes ao juiz, não significando que então exerça funções jurisdicionais de competência exclusiva da magistratura. Logo, não age o Ministério Público na jurisdição voluntária para manter o império da lei, como em sede de jurisdição contenciosa, mas atua inspirado pelo princípio que domina a atividade voluntária e a Administração, que é o da oportunidade e da conveniência, na execução de uma função social do Estado[336].

Este campo de atuação, ressalta Prata, assenta-se nos direitos indisponíveis, no processo civil inquisitório, no processo penal e em grande espaço da jurisdição voluntária.

Afirma Allorio que o Ministério Público coloca-se em zona de administração, justamente onde está confinada a atividade jurisdicional, o que é reforçado pelos normas positivas do nosso Código de Processo Civil, valorizando o referido órgão.

3.8. A JURISDIÇÃO VOLUNTÁRIA E O NOTARIADO

"Tabelião de notas é um empregado público, a quem incumbe escrever os contratos ou as últimas vontades em livros que deve guardar; e os translados que der, e outros instrumentos que pode fazer, deve firmar com certo sinal público, para que reputem escritos autênticos." (Correia Teles)[337]

---

[336] Prata, obra citada, p. 158-179.

[337] *Apud* Prata, obra citada, p. 181.

"O notário é um professor de direito; um professor cuja missão não é docente, não é dar lições, mas pôr em prática o direito, de tal maneira que a finalidade de paz social se alcança integralmente; assim como o juiz não tem outro remédio que curar e até, em certas ocasiões, amputar, a função do notário é prevenir." (Sentís Melendo)[338]

Muito se tem discutido se o Notariado, por sua natureza, seria serviço vinculado ao Poder Executivo ou se correto seria o seu enquadramento na categoria dos "auxiliares da justiça" *stricto sensu*, vez que a doutrina moderna dominante exclui destes últimos todos aqueles serviços que não sejam inerentes às atividades que se realizam no processo propriamente dito, não faltando, ainda, aqueles que vêem na jurisdição voluntária uma função tipicamente notarial.

Prata declara que o Notariado faz parte da administração pública dos direitos privados, com fundamental influência na formação dos atos jurídicos, especialmente com função certificante, cuja origem remonta ao próprio Direito Romano.

Para Frederico Marques, "os tabeliães ou notários, como órgãos da denominada fé pública, estão estreitamente ligados à jurisdição voluntária, não só porque os atos que praticam se filiam também à administração pública dos direitos privados, como porque, na evolução histórica desse instituto, verifica-se que, em muitas ocasiões, assumindo mesmo a qualidade de juízes, notários e tabeliães tinham preponderante atuação como órgãos a que, de modo preferencial, se ligavam às questões de jurisdição voluntária."

Ora, a importância que vemos na abordagem deste tópico, ainda que sem o aprofundamento que merece, provém da delegação que fazem certos ordenamentos jurídicos e alguns renomados doutrinadores, de algumas atividades de jurisdição voluntária para a esfera de atuação notarial.

Neste raciocínio Amaral Santos inclui o Notariado como função do Poder Executivo nos termos das legislações mais avançadas, editadas para a regulamentação destas atividades além dos poderes que universalmente são atribuídos ao notário, vez que competente para a elaboração de inventários, exe-

---

[338] *Apud* José de Moura Rocha, O Notariado e o Processo Civil. *Revista de Processo*, n. 1, p. 61.

cução de hastas públicas voluntárias e até para a expedição de "atestamentos especiais a respeito de fatos por ele observados oficialmente" (artigo 20 da *Bundesnotarordnung* - Lei Orgânica Federal do Notariado da Alemanha).

Para este processualista, o notário se vê investido no exercício de uma genuína jurisdição voluntária[339], no que é antecedido por M.Foelix (*Traité du Droit International Privé*, t. II, 1866) e Saredo (*Digesto Italiano*, v. VI, 1ª parte, p. 313)[340].

Para Moura Rocha[341] é a questão notarial que surge a exigir melhor política no mercado jurídico dos negócios privados ou públicos e sempre sendo detida por boa parte da doutrina e pela legislação. Invoca este estudioso o magistério de Angel Ossorio[342], que já em 1927 acentuava que as leis civis, tanto as substantivas quanto as adjetivas, conferiam aos juízes uma imensa soma de tarefas tipicamente notariais, como "diligências rituais que, no mais das vezes, não produzem controvérsia. E, se não as produzem, por que entregá-las aos juízes que não foram criados para realizar Atas mas para dirimir contendas?"

Afirma Moura Rocha, que se estudarmos a problemática da jurisdição em termos de realidade social, não poderemos nos furtar em reconhecer a desnecessariedade de concentração de tantas matérias isentas de contenciosidade em mãos de integrantes do Judiciário.

E acrescenta:

"Certamente que acreditar que o filho é herdeiro do pai; determinar quais são os limites de imóveis contíguos; determinar, igualmente, que uma pessoa passou tantos ou quantos anos ausente de seu domicílio, sempre que surjam sem posição de um direito, são questões do *de fé*".

"Mas ainda, não poucas vezes estas situações e outras tantas podem ser concluídas com o envio de documentos ao juízo e encaminhamento das partes para que ali comparaçam,

---

[339] *Apud* Cotrim Neto, Perspectivas da Função Notarial no Brasil. *Revista AJURIS*, n. 18, p. 155-159. Neste artigo o autor faz um estudo do surgimento e importância da função notarial no Brasil, acrescentada de análise crítica bastante detalhada.

[340] *Apud* Frederico Marques, Ensaio, p. 118.

[341] Obra citada, p. 64.

[342] La Justicia Poder. *La Justicia*, Buenos Aires: Lejur, 1961.

podemos dizer que são assuntos resolvidos pois, na verdade os trâmites a ser seguidos nestes ordenamentos normais e pacíficos, não necessitam nem exigem qualquer poder de mando. E nos deparamos com o publicar editais nos periódicos, testemunhar documentos, ouvir o Ministério Público podendo ser alcançado com garantia através de seu cumprimento por meio do notário que as alcançarão tão bem, ou melhor, que os juízes. Quem sabe, e é Ossorio quem o lembra, se o ato conciliatório, onde não há a intervir, não transcorreria mais eficazmente na intimidade de um gabinete notarial?"

Em breve notícia histórica, nos ensina Frederico Marques que em Roma havia o *Ministério dos Tabeliães* e, no Baixo Império, os particulares acostumaram-se a fazer redigir suas convenções pelos *tabbeliones*, nascendo daí a distinção entre os instrumentos particulares e os públicos.

Quando os *tabbeliones* conscientizaram-se de sua importância, formaram corporações, nas quais em pouco tempo seus membros adquiriam a qualidade de *personae publicae*, posteriormente regulada pelas constituições imperiais.

Ainda em Roma, afirma Moura Rocha[343], os notários particulares não eram mais do que simples taquígrafos que escreviam todas as espécies de escrita e organizavam-se em colégios. Chamavam-se *exceptores*, ou *actuarii* ou ainda *notarii*. *Notarii* porque tomavam nota dos discursos de oradores, especialmente no Senado e no Foro, originando-se o vocábulo da palavra *notae*.

Para Gama Barros[344], na sua *História da Administração Pública em Portugal*, sobre a situação do Notariado lusitano no período da reconquista cristã, anterior ao século XIII, havia, como entre os romanos, quem exercesse a profissão de reduzir a escrito os atos de Direito Privado. Mas nem os outorgantes eram obrigados a recorrer aos serviços desses homens, nem o ofício lhes dava autoridade para que, por si, o documento por eles escrito ficasse revestido de fé pública. Esta e a força probatória do documento resultavam de que se reunissem nele os preceitos legais, que eram ainda os do Código Visigótico.

---

[343] Obra citada, p. 65.

[344] *Apud* Frederico Marques. *Ensaio*, p. 117.

Assim, continua Gama Barros, estava de todo olvidado o vocábulo *tabbeliones* para designar os indivíduos que exerciam esta profissão, predominando com maneira mais usual de os indicar, nos instrumentos que lavravam, a simples declaração *notavit* e, excepcionalmente, *notarius*. Estes indivíduos achavam-se principalmente entre o clero, que era a classe onde menos rareava a cultura literária.

Ensina Prata ter sido a Idade Média o marco fundamental da função notarial, quando consolidou-se algo do caráter jurisdicional, levando os pósteros a confundir a jurisdição voluntária com atividade administrativa de direito privado.

Eram então os notários verdadeiros juízes.

O processo executivo do Direito Medieval abrangia documentos privilegiados e equiparados, para efeito de execução, à própria sentença. Os documentos assim providos do que se chamava *executio parata*, tinham a denominação de *instrumenta guarentigiata* e não precisavam passar pela longa via do processo de cognição para tornarem-se exigíveis.

E acrescenta Frederico Marques em suas *Instituições* (p.336), que como o Direito Romano não reconhecia outro título executivo além da sentença, para servir de fundamento à *actio judicati*, usava o credor do processo fictício pedir ao devedor que confessasse a dívida em juízo, com o que obtinha o *preceptum* de solvendo que lhe dava o direito de propor aquela ação. Numa segunda fase, suprimiu-se a necessidade da demanda se as partes confessassem diretamente ao juiz.

A partir deste momento histórico, com a ampliação das trocas de dinheiro entre as cidades italianas, o número dessas intervenções "judiciais" aumentou grandemente e se tornou imprescindível que o preceito de solvendo fosse ditado rapidamente, incumbindo-se desta função o notário. Como se entendia que esta atividade era de natureza judiciária, o notário passou a denominar-se juiz, com o nome de *judex chartularius*.

E na página 337 posiciona-se este doutrinador:

"Vem daí, talvez, a opinião de certos autores de que são os notários órgãos de jurisdição voluntária, o que não se pode admitir."

No que é acompanhado pelos mexicanos De Pina e Larrañaga em *Derecho Procesal Civil*, p. 64:

NATUREZA JURÍDICA DA JURISDIÇÃO VOLUNTÁRIA **123**

"Os Notários e os Registradores de Propriedade, aos quais, segundo alguns autores, deveria encomendar-se a resolução dos casos da chamada jurisdição voluntária, têm, sem dúvida, um grande papel a representar na vida jurídica de qualquer país, porém não, certamente, o de substituir aos Juízes no exercício das funções que ninguém mais que eles estão chamados a cumprir." [345]

Registra o pesquisador lusitano Candido Mendes[346] que, introduzido em Portugal o ofício de tabelião pelo Direito Romano, foi mais tarde abolido pelas Ordenações Filipinas, passando a subsistir somente os tabeliães territoriais.

Após a independência do Brasil, estes tabeliães especiais previstos nas Ordenações continuaram a exercer seu ofício nas cidades e vilas, de acordo com o que vinha determinado nos respectivos decretos de nomeação. Assim, modernamente, temos como funções notariais, conforme Prata, aquela tutelar para dar firmeza, segurança jurídica, certeza e credibilidade indiscutível aos documentos, para o que os tabeliães são investidos de fé pública; a cautelar, para prevenir futuros litígios, colaborando na formação de negócios jurídicos, e a de fiscal de impostos, em permanente colaboração com a atividade administrativa do Estado.

Entretanto, permanece a discussão.

Marcello Caetano afirma em seu *Manual* que a via jurisdicional é uma das maneiras de execução da lei e que seu emprego não constitui monopólio do Judiciário, não sendo estranho que, apesar de sua colocação lógica no quadro do Poder Executivo, possa o notário exercer sua função jurisdicional. E adiciona:

"Quando está em causa um conflito de interesses, quer se trate de dois interesses privados, quer de um interesse privado e de um interesse público, a execução da lei exige prévia definição de qual dos dois interesses desfruta da proteção jurídica,

---

[345] A jurisdição voluntária, segundo o *Código de Procedimientos Civiles de Mexico*, vigente para o Distrito e Territórios Federais, compreende todos os atos que, por disposição legal ou por solicitação dos interessados, se requer a intervenção do juiz, sem que esteje promovida nem se promova questão alguma entre partes determinadas. Os atos de jurisdição voluntária podem ser civis, mercantis ou laborais.

[346] *Apud* Frederico Marques, *Instituições*, p. 335-8.

para assim se deslindar o conflito. O órgão do Estado executor da lei procede, então, à verificação de circunstâncias e lhes aplica o direito concernente. Tal modo de executar a lei exige perfeita imparcialidade do órgão de execução, que não deve estar interessado no conflito (a Lei Notarial Alemã, traçando os 'deveres profissionais' estatui, no art. 14-1, que o Notário deve exercer seu cargo com fidelidade a juramento prestado. Ele não representa uma parte, mas é zelador imparcial das partes interessadas); ao mesmo tempo, porém, é impositivo que o órgão de execução só atue quando isso seja solicitado, ao menos por um interessado." (*Apud* Cotrin Neto, obra citada, p. 157)

No mesmo sentido conclui Moura Rocha que o notário, quando determina ou narra com precisão determinados fatos dotando de segurança e certeza as situações jurídicas, está firmando mais e mais uma autonomia ao Direito Notarial e inicia a libertar-se do processo ante a estruturação que surge de uma jurisdição especializada notarial.

E Cotrim Neto[347] parece sintetizar a atual tendência de absorção das funções de jurisdição voluntária pelo Direito Notarial, conforme tese defendida por alguns dos maiores doutrinadores desta seara:

"Ora, precisamente no exercício da jurisdição voluntária, onde via de regra não existe litígio (daí a denominação que alguns autores, como o germânico Hans Nawaiski lhe atribuem, de 'jurisdição não litigiosa', '*unstreige Gerichtsbarkeit*') e onde também não se busca uma compulsiva aplicação do direito, aí é que tem o Notário o seu reino, e onde se destaca sua eminente função social. (...) Aí, também, é onde o notário, como órgão que inquestionavelmente o é, do Poder Administrativo, vale dizer, do Poder Executivo, se torna lindeiro do Poder Judiciário. E por isso, num país onde por séculos se descuidou do aperfeiçoamento e do estudo da matéria notarial, a confusão que se faz entre as atribuições do Notário e a dos funcionários da Justiça, no sentido estrito."

Embora defendida por expressivo número de estudiosos da matéria, entendemos que não goza o notário, como autoridade pública de direito privado, das características essenciais

---

[347] Perspectivas da Função Notarial no Brasil. *Revista Ajuris*, n.18, p. 155-9.

ao exercício da jurisdição como a independência e a *"terzietà"*, para que se justifique a delegação a este órgão das responsabilidades atinentes à tutela dos procedimentos de jurisdição voluntária, atividade característica da competência do Poder Jurisdicional do Estado.

4. Conclusão

Por certo que neste singelo estudo não poderíamos pretender superar com êxito a grandeza das questões que durante quase um século foram levantadas por verdadeiros tótens do pensamento jurídico, tanto pátrios quanto estrangeiros, no ramo do direito que é hoje o Processo Civil.

Contudo, posicionamo-nos junto àqueles que vêem na jurisdição voluntária uma atividade verdadeiramente própria do Judiciário como poder-dever do Estado, face à peculiar e única característica da *terzietà* tão defendida por Micheli e Cappelletti.

Na construção desta monografia, buscando sempre que possível sorver das fontes originais, rememoramos ao leitor uma pequena História do Direito sintetizada no estudo da Jurisdição desde sua gênese e, levados no rumo teimoso e às vezes incerto para o qual nos atrai a pesquisa como se vontade própria tivesse, não pudemos nos restringir a um simples alinhamento com esta ou com aquela doutrina na classificação da jurisdição voluntária, mas fomos também instados a registrar importantes tendências na dinâmica das concepções jurídicas que regem o Direito Processual como instituto e, por consequência, das normas que no dia a dia ordinário afetam as relações sociais.

Numa conjuntura global e maximizada, temos o Estado moderno a sofrer um difícil processo de mutação na sua ordem tradicional, tendendo, ou para a assunção de um papel de Estado mínimo, baseado na desregulamentação e na transferência de muitas de suas funções tradicionais para o setor privado ou, no outro extremo, o reforço da sua clássica concepção de Estado regulamentador, redefinindo funções antigas e carreando para sua tutela novas responsabilidades.

No âmbito das unidades nacionais, são muitos os determinantes a influenciar a mudança do comportamento estatal e, conseqüentemente, do ordenamento jurídico, dentre os quais e talvez o mais importante, a natureza dos governos que assumem a direção do Estado e a orientação das suas respostas aos sempre mutantes e cada vez mais incisivos anseios da sociedade moderna.

Esta nova ordem não poderia deixar de refletir-se na estremecida Teoria Tripartite de Montesquieu, quando hoje confundem-se e interpenetram-se mais e mais as funções estatais como tradicionalmente as conhecemos.

Dentro deste contexto, são compreensíveis os atritos entre aqueles que querem a jurisdição voluntária como mera função administrativa ou delegada à esfera notarial, dentro da concepção de Estado mínimo, e aqueles que a classificam como função jurisdicional, intrasferível pelo Poder Judiciário, na concepção do Estado regulamentador.

Diante dos dados apresentados no corpo desta obra, convencemo-nos do conceito de jurisdição voluntária como atividade plenamente jurisdicional, fundada tanto na opção da política legislativa de responsabilizar pelas funções de tutela dos direitos subjetivos especialmente valorados na vida em sociedade, ainda que de interesse apenas privado, órgãos verdadeiramente imparciais e preparados, quanto na característica exclusivamente científica de maior carga de eficácia constitutiva da sentença de jurisdição voluntária, em detrimento daquela declarativa e geradora da coisa julgada.

Desta forma, irrelevante torna-se a sistemática elegida para distribuição dos procedimentos de jurisdição voluntária nos códigos de processo, cujo critério apenas organizacional jamais prestará para que se determine a verdadeira índole jurídica desta atividade.

Como parte de um sentimento internacional de facilitação do acesso à Justiça, igualmente registra-se uma crescente valorização da tentativa obrigatória de conciliação prévia e da popularização do juízo arbitral, institutos já adotados em inúmeros países europeus e, neste ambiente de gradual inclinação para a redução dos processos contenciosos, o incremento do poder estatal na prevenção dos litígios, exercido de forma fundamental pela jurisdição voluntária.

Neste aspecto, amplia-se a ingerência do Estado na vida privada através do princípio inquisitório, pouco a pouco substituindo o princípio dispositivo e reforçando o crescente âmbito dos procedimentos de jurisdição voluntária.

De forma bem-vinda, sobressai-se um sensível movimento de retorno das instituições jurídicas às características romanas de tutela satisfativa, num ressuscitar de um Direito mais efetivo, pragmático e utilitarista, em especial evidência na processualística italiana e que, gradativamente, passam a ser inseridas no ordenamento pátrio através da inovadora reforma do Código de Processo Civil de 1973.

Concretamente podemos antever, de forma paralela à maior importância da atividade voluntária, o proporcional incremento das funções notariais e a valorização do Ministério Público como órgão de resguardo dos direitos subjetivos em discussão.

Desta forma, ao encerrar nosso labor, invocamos o alerta que nos traz Mauro Cappelletti, advertindo para que não sejam esquecidos os perigos que existem em introduzir, ou mesmo propor, reformas imaginativas de acesso à Justiça, eis que sempre presente o risco de que o indiscriminado uso de procedimentos rápidos e mais econômicos resulte num produto barato e de má qualidade.

Neste intento de desenvolverem-se alternativas modernas e eficientes, jamais poderão ser abandonadas as garantias fundamentais do processo civil, essencialmente o contraditório e a presença de um julgador imparcial, personagem este que entendemos imprescindível também nos provimentos de jurisdição voluntária.

Por mais importantes que sejam as inovações, não seja olvidado, apesar de tudo, que estes procedimentos jurídicos, altamente técnicos, foram moldados através de milênios de esforços e duras conquistas para prevenir arbitrariedades e injustiças, visando como último e principal desiderato, nada mais do que a liberdade e garantia do direito do mais simples cidadão que ao Estado recorre buscando ver efetivamente satisfeita a sua pretensão.

5. Bibliografia

Alcalá-Zamora y Castillo, Niceto. *Eficacia de las Providencias de Jurisdicción Voluntaria*. Atti del 3º Congresso Internazionale di Diritto Processuale Civile - Venezia, 1962. Milano: A.Giuffrè, 1962. p. 533-622.

——. Premisas para Determinar la Índole de la Llamada Jurisdicción Voluntaria. *Estudios de Teoría General y Historia del Proceso*. Mexico: UNAN, 1974. 4 v. v. 1, p. 115-163.

ALLORIO, Enrico. *Problemas de Derecho Procesal*. Tradução de Santiago Sentís Melendo. Buenos Aires: EJEA, 1963. 2 v., t.2,: Ensayo Polémico Sobre la "Jurisdicción Voluntaria"

ALTAVILA, Jayme. *Origem do Direito dos Povos*. 4a. ed. São Paulo: Melhoramentos, 1964. 224 p.

ALVIM, José Manuel de Arruda. *Código de Processo Civil Comentado*. São Paulo: RT, 1975. 4v., v.1.

——. *Curso de Direito Processual Civil*. São Paulo: RT, 1975. 6v., v.1.

ASCHWORTH, Antoinette. Singularité et Tradition: L'Article 12 de la Loi du 31 Decembre 1987. *Revue du Droit Public et de la Science Politique en France*, Paris: v.206, n.5, sept./oct. 1990.

ARAÚJO, Justino Magno. Aspectos da Jurisdição nos Sistemas da "Common Law"e da "Civil Law"e no Direito Brasileiro. Revista AJURIS, Porto Alegre: AJURIS, n.14, 1987.

AZAMBUJA, Darcy. *Teoria Geral do Estado*. 4a.ed. Porto Alegre, Globo, 1966. 389 p.

AZEVEDO, Plauto Faraco de. *Justiça Distributiva e Aplicação do Direito*. Porto Alegre: Fabris, 1983. 159 p.

——. *Limites e Justificação do Poder do Estado*. Petrópolis: Vozes, 1979. 195p.

——. Do Método Jurídico. A Tradição Francesa e o Poder Criativo do Juiz. *Revista AJURIS*, Porto Alegre, AJURIS, v.20, n.58, jul. 1993, p. 231-236.

BAETHGEN, Walter Eduardo. *Teoria Geral do Processo: A Função Jurisdicional*. Porto Alegre: UFRGS, 1982. 39 p.

BARBI, Celso Agrícola. *Comentários ao Código de Processo Civil*. 5. ed. Rio de Janeiro: Forense, 1988. 10 v, V.1, p. 9-15.

BASTOS, Celso Seixas Ribeiro. Contencioso Administrativo. *Revista de Processo*. São Paulo: RT, v.6, n.14/15, 1979, p.187-196.

BATALHA, Wilson de Campos. A Conciliação. *Tratado de Direito Judiciário do Trabalho*. 2. ed. São Paulo: LTr, 1985. 930p. p. 483-487.

BAUTISTA, Jose Becerra. *El Processo Civil en Mexico*. 2. ed. Mexico: Porrua, 1965. 678 p.

BERMUDES, Sérgio. A Função Jurisdicional no Brasil. *In:* Grinover, Ada Pellegrini (Coord.). *Estudos de Direito Processual em Homenagem a José Frederico Marques*. São Paulo: Saraiva, 1982.

BIDART, Adolfo Gelsi. Límites Actuales Entre Jurisdicción y Administración. *Revista de Processo*. São Paulo: RT, v.6, n.13, 1979, p.109-115.

BLASI, Ferdinando Umberto di . Giurisdizione Volontaria. *In: Novissimo Digesto Italiano*. 3. ed. Torino: UTET, 1957. V.7.

BONUMÁ, João. *Direito Processual Civil*. v.1. São Paulo: Saraiva, 1946.

BORGES, Marcos Afonso. Jurisdição Voluntária. *Revista AJURIS*, Porto Alegre, AJURIS, v.7, n.18, mar. 1980.

——. Breve Notícia Sobre a Evolução Histórica do Direito Processual Civil. *Revista de Processo*. São Paulo: RT, v.13, n.50, abr./jun. 1988, p.26-46.

——. Jurisdição. *In:* França, Rubens Limongi (Coord.). *Enciclopédia Saraiva do Direito*. São Paulo: Saraiva, 1977-1978. 78 v. V.47, p.82-90.

CAETANO, Marcello. *Princípios Fundamentais de Direito Administrativo*. Rio de Janeiro: Forense, 1977. 583 p.

CALAMANDREI, Piero. *Istituzioni de Diritto Processuale Civile Secondo il Nuovo Codice*. 2. ed. Padova: CEDAM, 1943. 2 v.

——. *Opere Giuridiche*. Napoli: Morano, 1945. v.1: Limite Fra Giurisdizione e Ammnistrazione nella Sentenza Civile.

CAMPERO, Guillermo *et alii*. *Os Atores Sociais no Novo Mundo do Trabalho*. São Paulo: LTr, 1994. 102 p.

CAPPELLETTI, Mauro. *Acesso à Justiça*. Porto Alegre: Fabris, 1988. 165 p.

——. *Juízes Irresponsáveis?* Porto Alegre: Fabris, 1989. 93 p.

——. *Juízes Legisladores?* Porto Alegre: Fabris, 1993. 134 p.

CAPPELLETTI, Mauro; PERILLO, Joseph M. *Civil Process in Italy.* The Hague: Martinus Nijhoff, 1965. 451 p.

CARDOZO, Benjamin Nathan. *A Natureza do Processo e a Evolução do Direito.* Porto Alegre: AJURIS, 1978. 253 p.

CARMONA, Carlos Alberto. Arbitragem e Jurisdição. *Revista de Processo.* São Paulo: RT, v.15, n.58, abr./jun. 1990, p. 33-40.

——. Arbitragem no Brasil: Utopia? *Repertório IOB de Jurisprudência.* São Paulo, IOB, 1993. n.14, p.273-274.

CARNEIRO, Athos Gusmão. *Jurisdição e Competência: Exposição Didática.* 3. ed. São Paulo: Saraiva, 1989. 219 p.

——. Jurisdição: Noções Fundamentais. *Revista AJURIS*, Porto Alegre, v. 7, n. 20, nov. 1980.

CARNELUTTI, Francisco. *Sistema de Derecho Procesal Civil.* Buenos Aires: UTEHA, 1944. 4 v. V.1.

CATALANO, Pierangelo. Sistemas Jurídicos, Sistema Jurídico Latino-Americano e Direito Romano. In: LAndin, José Francisco Paes (Coord.). *Direito e Integração.* Brasília: UNB, 1980. 128 p.

CINTRA, Antonio Carlos de Araújo. *Teoria Geral do Processo.* 5. ed. São Paulo: RT, 1984. 329 p.

CHIOVENDA, Giuseppe. *Instituições de Direito Processual Civil.* 2. ed. São Paulo: Saraiva, 1965. 2v.

COSTA, Alfredo de Araújo Lopes da. *A Administração Pública e a Ordem Jurídica Privada* (Jurisdição Voluntária). Belo Horizonte: Bernardo Alvares, 1961. 403 p.

COTRIM NETO, Alberto Bittencourt. Perspectivas da Função Notarial no Brasil. *Revista AJURIS*, Porto Alegre: AJURIS, v.7, n.18, mar. 1980.

COULANGES, Fustel de. *A Cidade Antiga.* São Paulo: Hemus, 1986. 310 p.

COUTURE, Eduardo. *Fundamentos do Direito Processual Civil.* São Paulo: Saraiva, 1946. 408 p.

DALL'IGNA, Sônia Maria. *Jurisdição Voluntária.* Porto Alegre, UFRGS, 1989. Dissertação (Mestrado em Direito Privado) - Faculdade de Direito, Universidade Federal do Rio Grande do Sul, 1989.

DAVID, René. *Os Grandes Sistemas de Direito Contemporâneo* (Direito Comparado). 2. ed. Lisboa: Meridiano, 1978. 638 p.

DALLARI, Dalmo de Abreu. *Elementos de Teoria Geral do Estado.* 16.ed. São Paulo: Saraiva, 1991. 259 p.

DE MARINI, Carlo Maria. Considerazioni sull'a Natura della Giurisdizione Volontaria. *Rivista di Diritto Processuale Civile*, Padova: CEDAN, n.3, jug./sep. 1954. p.268.

DICIONÁRIO AURÉLIO ELETRÔNICO 1.0. São Paulo: Nova Fronteira, 1993.

FALCÃO, Antonio Augusto Vieira. *O Processo como Mero Exercício de Jurisdição*. Porto Alegre, UFRGS, 1990. Dissertação (Mestrado em Direito Privado) - Faculdade de Direito, Universidade Federal do Rio Grande do Sul, 1990.

FARIAS, Márcia Medeiros de. *Aspectos Sociais da Jurisdição*. Porto Alegre, UFRGS, 1991. Dissertação (Mestrado em Direito Privado) - Faculdade de Direito, Universidade Federal do Rio Grande do Sul, 1991.

FAZZALARI, Elio. *La Giurisdizione Volontaria*. Padova: CEDAM, 1953. 254p.

———. Problemi e Prospetive del Processo Civile. *Rivista Trimestrale de Diritto e Procedura Civile*, Milano: A.Giuffrè, v. 38, n.2, giug. 1984. p. 342-354.

———. Giurisdizione Volontaria. *In: Enciclopedia del Diritto*. Milano: A.Giuffrè, 1970. V.19.

FRANCO SOBRINHO, Manoel de Oliveira. *Jurisdição Administrativa. In: França, Limongi. Enciclopédia Saraiva do Direito*. São Paulo: Saraiva, 1977. V.47, p.90-94. 582 p.

GARSONNET, E. *Précis de Procédure Civile*. 5. ed. Paris: Société du Recueil Général des Lois & des Arrêts, 1904. v.1. 585 p.

GRIGORIÁN, L.; DOLGOPÓLOV, Y. *Fundamentos del Derecho Estatal Soviético*. Tradução de V. Mazurenko e O. Razinkov. Moscou: Progreso, 1979. 498 p.

GUASP, Jaime. *Derecho Procesal Civil*. 3. ed. Madrid: Instituto de Estudios Políticos, 1968. t.1.

GUERRA FILHO, Willis Santiago. Teoria da Jurisdição: Nota Sobre uma Nova Disciplina. *Revista de Processso*, São Paulo: v. 15, n. 59, jul./set. 1990.

GUSDORF, Georges. *As Revoluções da França e da América: A Violência e a Sabedoria*. Rio de Janeiro: Nova Fronteira, 1993. 285 p.

GUSMÃO, Paulo Dourado de. *Filosofia do Direito*. Rio de Janeiro: Forense, 1985. 191 p.

JANNUZZI, Angelo. *Manuale della Volontaria Giurisdizione*. Milano: A.Giuffrè, 1964. 775 p.

KELSEN, Hans. *Teoria Pura do Direito*. 6. ed. Coimbra: Armênio Amado, 1984. 484 p.

LACERDA, Galeno. *Comentários ao Código de Processo Civil*. 5. ed. Rio de Janeiro: Forense, 1993. 10v. V.8, t.1.

LARRAÑAGA, Jose Castillo. DE PIÑA, Rafael. *Instituciones de Derecho Procesal Civil*. 6. ed,. México: Porrua, 1963. 606 p.

LEITE, Eduardo de Oliveira. *A Monografia Jurídica*. Porto Alegre: Fabris, 1987. 285 p.

LIEBMAN, Enrico Tullio. *Manuale de Diritto Processuale Civile*. 2. ed. Milano: A.Giuffrè, 1957. 2v., v.1.

LIMA, Alcides de Mendonça. Efeito da Apelação na Jurisdição Voluntária. *In:* Grinover, Ada Pellegrini (Coord.). *Estudos de Direito Processual em Homenagem a José Frederico Marques*. São Paulo: Saraiva, 1982. 219 p.

LIMA, Ruy Cirne. *Princípios de Direito Administrativo*. 5. ed. São Paulo: TR, 1982. 329 p.

MACHADO, Antônio Cláudio da Costa. Jurisdição Voluntária, Jurisdição e Lide. *Revista de Processo*. São Paulo: RT, V.10, n.37, jan./mar., 1985. p.68-37.

MARQUES, José Frederico. *Instituições de Direito Processual Civil*. 2. ed. Rio de Janeiro: Forense, 1962. V.1.

——. *Ensaio sobre a Jurisdição Voluntária*. 2. ed. São Paulo: Saraiva, 1959. 321 p.

——. Jurisdição Constitucional. *In:* França, Limongi. *Enciclopédia Saraiva do Direito*. São Paulo: Saraiva, 1977-1978. 78 v. V.47, p.181-185. 582 p.

MAXIMILIANO, Carlos. *Hermenêutica e Aplicação do Direito*. 9. ed. Rio de Janeiro: Forense, 1984. 426 p.

MELENDO, Santiago Sentís. *Teoría y Práctica del Proceso: Ensayos de Derecho Procesal*. Buenos Aires: EJEA, 1958. 401 p.

MELLO, Celso Antonio Bandeira de. *Discricionariedade e Tutela Jurisdicional*. São Paulo: Malheiros, 1992. 110 p.

MICHELI, Gian Antonio. *Estudios de Derecho Procesal Civil*. Tradução de Santiago Sentís Melendo. Buenos Aires: EJEA, 1970. V.4, p.03-150: Jurisdiccion Voluntaria.

MIRANDA, Francisco Cavalcanti Pontes de. *Comentários ao Código de Processo Civil*. Rio de Janeiro: Forense, 1974-1979. 17 v. t.1.

MONTELEONE, Girolamo. Note Sui Rapporti tra Giurisdizione e Legge nello Stato di Diritto. *Rivista Trimestrale di Diritto e Procedura Civile*, Milano: A.Giuffrè, v.4, n. 1, mar. 1987.

MONTESQUIEU, Barão de. *Do Espírito das Leis*. Rio de Janeiro: Tecnoprint, [s.d.]

MORAES, Maria Amália Dias de. *O Conceito de Jurisdição*. Porto Alegre, UFRGS, 1989. 20p. Dissertação (Mestrado em Direito Privado) - Faculdade de Direito, Universidade Federal do Rio Grande do Sul, 1989.

MOREIRA, José Carlos Barbosa. *O Novo Processo Civil Brasileiro*. 11. ed. Rio de Janeiro: Forense, 1991. 399 p.

OLIVEIRA, Eduardo Ribeiro. Sobre o Conceito de Jurisdição. *Revista de Processo*. São Paulo: RT, v.6, n.16, 1979, p.135-154.

PAJARDI, Piero. *La Giurisdizione Volontaria*. Milano: A. Giuffrè, 1963. 321 p.

PASSOS, José Joaquim Calmon de. *Da Jurisdição*. Salvador: Progresso, 1957.

———. *Comentários ao Código de Processo Civil*. 3. ed. Rio de Janeiro: Forense, 1990.V.1.

PEREIRA, Caio Mario da Silva. *Instituições de Direito Civil*. v.1. 8.ed. Rio de Janeiro: Forense, 1984.

PICARDI, Nicola. Il Conciliatore. *Rivista di Diritto e Procedura Civile*, Milano, v.38, n.4, dic. 1984.

PIÑA, Rafael de; LARRAÑAGA, José Castillo. *Instituciones de Derecho Procesal Civil*. 6. ed. México: Porrua, 1963.

PORTO, Sérgio Gilberto. *Jurisdição Voluntária: Atividade Administrativa ou Jurisdicional?* Estudos Jurídicos, São Leopoldo, UNISINOS, 1983.

———. Sobre a Classificação de Ações, Sentenças e Coisa Julgada. *Revista AJURIS*, Porto Alegre, AJURIS, v.21, n.61, jul. 1994, p.37-62.

PRATA, Edson. *Jurisdição Voluntária*. São Paulo: EUD, 1979. 352 p.

PRIETO-CASTRO, Ferrandiz L. *Derecho Procesal Civil*. Madrid: Revista de Derecho Privado, 1964. 2v.

PROST, Antoine. *Petite Histoire de la France au XXe Ciècle*. Paris: Armand Colin, 1979. 127 p.

PROTETTÌ, Ettore. *La Giurisdizione Volontaria nella Giurisprudenza*. Padova: CEDAN, 1976. 551 p.

REDENTI, Enrico. *Derecho Procesal Civil*. Buenos Aires: EJEA, 1957. 3v.

REGO, Hermenegildo de Souza. Existe Jurisdição Voluntária? *Revista de Processo*. São Paulo: RT, V.11, n.46, abr./jun., 1986. p.114-122.

ROCCO, Ugo. *Trattato de Diritto Processuale Civile*. Torino: UTET, 1957-1964. 7v. V.1.

ROCHA, José de Moura. O Notariado e o Processo Civil. *Revista de Processo*. São Paulo: RT, v.1, n.1, jan./mar. 1976, p. 59-70.

ROSENBERG, Leo. *Tratado de Derecho Procesal Civil*. Buenos Aires: EJEA, 1955. V.1. Tradução de Lehrbuch des Deustchen Zivilprozessrechts. 5. ed. Munchen und Berlin, 1951.

SANTOS, J. M. de. *Código de Processo Civil Interpretado*. São Paulo: Freitas Bastos. 29 v. V.1.

——. Jurisdição Voluntária. *In: Repertório Enciclopédico do Direito Brasileiro*. Rio de Janeiro: Borsoi, 1947. - 49 v. V.30, p. 271-172.

SANTOS, Moacyr Amaral dos. *Primeiras Linhas de Direito Processual Civil*. 12. ed. São Paulo: Saraiva, 1985. 3v. V.1.

——. *Jurisdição*. In: França, Limongi. *Enciclopédia Saraiva do Direito*. São Paulo: Saraiva, 1977-1978. V.47, p.76-81. 582 p.

——. Jurisdição Civil. *In*: França: Limongi. *Enciclopédia Saraiva de Direito*. São Paulo: Saraiva, 1977-1978. V.47, p.94-101. 582 p.

SATTA, Salvatore. *Diritto Processuale Civile*. 6. ed. Padova: CEDAM, 1959. 652 p.

——. Giurisdizione Volontaria. *In: Enciclopedia del Diritto*. Milano: A.Giuffrè, 1970.V.19.

SCHIPANI, Sandro. Sistemas Jurídicos e Direito Romano. As Codificações do Direito na Unidade do Sistema Jurídico Latino Americano. *In*: Landin, José Francisco Paes (Coord.). *Direito e Integração*. Brasília: UNB, 1981. p. 35-53. 128 p.

SCHÖNKE, Adolf. *Derecho Procesal Civil*. Barcelona: Bosch, 1950. 418 p.

SILVA, Jorge Araken Faria da. *Natureza Jurídica da Jurisdição Voluntária*. São Paulo, USP, 1990. 4 v., 1039 p. Dissertação (Mestrado em Direito Privado) - Faculdade de Direito, Universidade Federal de São Paulo.

SILVA, Ovídio Baptista Araújo da. *Teoria Geral do Processo*. Porto Alegre: Lejur, 1983. 336 p.

——. *Curso de Processo Civil*. Porto Alegre: Fabris, 1987. 3v. V.1.

TESHEINER, José Maria Rosa. *Jurisdição Voluntária*. Rio de Janeiro: Aide, 1992. 170 p.

THEODORO JUNIOR, Humberto. *Curso de Direito Processual Civil*. 6. ed. Rio de Janeiro: Forense, 1990. 3 v. V.1.

TUCCI, Rogério Lauria ; TUCCI, José Rogério Cruz e. *Devido Processo Legal e Tutela Jurisdicional*. São Paulo: RT, 1993. 288 p.

TUCCI, Rogério Lauria. Jurisdição, Ação e Processo Civil. *Revista de Processo*. São Paulo: RT, V.13, n.52, out./dez., 1988. p.08-52.

VERDE, Filippo. *La Volontaria Giurisdizione*. Padova: CEDAN, 1989. 218p.

VILLELA, Anna Maria. *Direito Romano e Sistema Jurídico Latino-Americano. In:* Landin, José Francisco Paes (Coord.). Direito e Integração. Brasília: UNB, 1981. p.05-16. 128 p.

VISCO, ANTONIO. *I Provvedenti di Giurisdizione Volontaria*. 6. ed. Bari: Leonardo da Vinci, 1964. 841 p.

——. *I Procedimenti di Giurisdizione Volontaria*. 3. ed. Milano: A.Giuffrè, 1952. 364 p.

WACH, Adolf. *Manual de Derecho Procesal Civil*. Buenos Aires: EJEA, 1977. 2v.

ZANZUCCHI, Marco Tulio. *Diritto Processuale Civile*. 6. ed. Milano: A.Giuffrè, 1964.

Av. Plínio Brasil Milano, 2145
Fone 341-0455 - P. Alegre - RS